71歳からの百名山

髙橋尚子

郁朋社

はじめに

平成九年三月に定年を迎え、五年間は都の嘱託をしながらゆとりのもてるようになった期間を、携わってきた障害児教育に関わりのある社会福祉士受験資格取得への学びと健康におき、縁があって探鳥会「小さな観察会」にも入れていただいた。学びは現職時代との関わりを広く知ることであり、健康においたのは、学校の授業は「知・徳・体」で構成されている。退職すると日常生活の中で新聞や本を読む機会はあるが、「体」はない。心がけなければ「体」のない生活になる。必要で学んできた「知・徳・体」が「知・徳」になるので欠ける「体」を入れた生活が必要だと思ったからである。

山との関わり

平成一三年の新聞に山梨県小菅村の村起こし事業と思える「大菩薩嶺へ案内する」の記事があり、応募した。これが退職後の私の山との関わりの始まりである。

二七歳で登った富士山からは三三年過ぎており、現職時代の夏休みに美ヶ原へは行ったが、仕事に追われ山らしい山に登るゆとりは時間的になかった。

大菩薩嶺への登山は、途中の富士山がきれいだったことは覚えているが、距離が長く、装備も不十分であり、靴は水がしみてくるし、呼吸は苦しいし、大変だった。

そのような時期に都の互助会の企画で千葉県の富山へ行き、当時のガイドから山の専門の会社のあることを知り入会した。

これを機会に平成一五年頃から私は、無理のない範囲で高尾山を始め、西沢渓谷、入笠山、大岳山、花嫁街道・烏場山、沼津アルプス、高見石と白駒池、日光鳴虫山、高鈴山、東・西御荷鉾山、浅間隠山、猫魔ヶ岳と雄国沼、榛名富士等々、関東近県の山を五〇ほど登った。最初は杖に縋り、背中を丸め、ハーハーしながら汗でぐしょぐしょになり、自分でも情けない格好でやっと登っていたのだった。

一八年までは低山を中心に歩き、この時に山の歩き方を学んだ。

例えば、歩幅を小さくして登ると楽に登れること、下りる時はドスンと下りると膝を痛めるので柔らかく下りること、そのためにもストックがあると良いこと、ダブルストックの使い方、地図の見方、ザックの中へ常備しておく物、体に合ったザック、靴ひもの締め方、行動食、水、準備運動、整理運動等々だった。この時、百名山としては筑波山、富士山、美ヶ原、大菩薩嶺、月山、赤城山、谷川岳、乗鞍岳と十指に満たなかった。

百名山が登れると自覚した経緯と山

現職時、幼児施設や、卒業後の福祉施設について保護者の方から質問を受けても分からず児童・

生徒に関わる福祉関係について知る必要があると思っていた。

そこで時間のできた退職後福祉関係を学ぶことにし、先輩の先生を尋ね学ぶ手だてを伺った。

そして専門学校で社会福祉に関わることを通信教育で二年間学び単位を取得するまではできたが、その後の国家試験が大変で七回目（七年間）でやっと合格できたのだった。一九年三月で七〇歳になっていた。

この目標達成までは自分の中で「二兎を追う者は一兎を得ず」の諺にあるように山歩きを控えていた。合格後は自分に登山のゴーサインを出した。この年七月に探鳥会「小さな観察会」では旭岳の池めぐりでチングルマや夏の花を見ていた。入会した山の会社の企画でも九月に同じ旭岳から黒岳までの縦走があり参加した。

この時のハイマツの緑とウラジロナナカマド・ウラシマツツジの赤やオレンジの絨毯のような紅葉は今まで見たことのない眼を見張るばかりの美しさだった。そして縦走が済んだ時、私は旭岳は百名山なので、まだ百名山が登れると自覚したのだった。この時、七一歳になっていた。

剱岳や幌尻岳等々を知っていればこの決断はしなかったかもしれない。旭岳から黒岳への縦走で全ての百名山を判断したところは今思うと愚かだったと思うし、「知らないほど怖いものはない」に当てはまると思う。反面知らないからできたともいえる。「みんなが止める歳にあんたは始めるんだから、そこが可笑しい」と言われるが、以上のような私の事情があった。なんでもスロースローと歩んでいるように思う。

そんな私も平成一六年には右膝の痛みを抱えていた。探鳥会が一六年四月一一日～一四日に屋久島であり、島を周遊する班と縄文杉を見る班に分かれた時、私は縄文杉の班を希望したが、膝の具合が心配でウォーキングなどの準備をして出かけたのだった。しかし、帰宅してみると二階への上り下りで膝の痛みが消えていた。

人それぞれ痛みの状況や原因等異なるが、私の場合、縄文杉への往復二〇キロ余りの歩行で右膝周囲に筋力が付いたのだと思っている。このような私が残りの九〇余りの山を七六歳までにどのように健康に注意し、何を支えに登ったのか自分のために記しておきたい。

【目次】

平成二四年

日本百名山に登った順
（目次ページ参照）

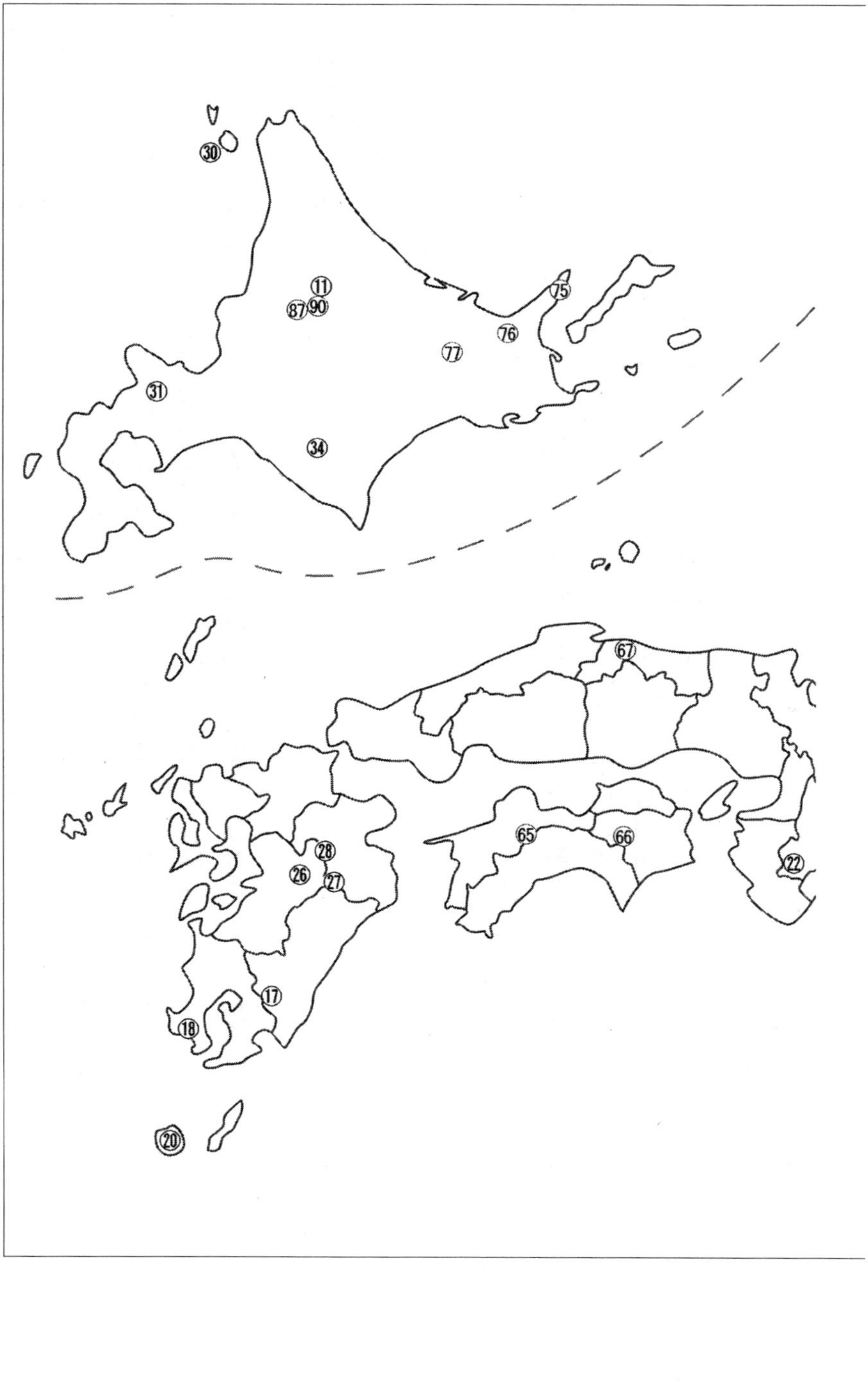

30
11
87
90
75
76
77
31
34
67
28
26
27
65
66
22
17
18
20

装丁／根本比奈子

71歳からの百名山

一、筑波山《つくばさん》（八七七ｍ）茨城県　小学六年生

小学・中学と通学時、田圃へ出ると西方に、凍て付く冬は特に澄んだ空に青く聳えていた筑波山、郷里の関東平野の田圃にただ一つなのでよく見えた。筑波山を見ながら通学し、卒業したと思える山が、小学校卒業時の修学旅行の場所だった。

当時の住まいは茨城県でも千葉県寄りで千葉県銚子市の対岸の旧波崎町から約二〇キロ程北の旧軽野村（現神栖市）だった。自転車で二〇分程の渡船場・日川から利根川を渡った所が千葉県香取郡笹川・成田線笹川駅で、県庁の水戸へ行くことは考えられないという何処へ行くにも不便な僻地だった。当時は自転車はあったが、現在のように車は無く、馬車が県道を通っている時代だった。

そこで修学旅行は渡船場・日川から家族に見送られて船で土浦まで行ったことを覚えている。今から六五年前には筑波山にはケーブルは無く、現在のケーブルの線路を下から登った。男体山に先に登り、女体山の方が厳しかったことを覚えている。

関東平野で子供時代を過ごした私は、後にも先にも登山は一二歳に登頂した筑波山が初めてである。

※男体山・奥久慈（六五四ｍ）茨城県

大学は水戸だった。部活の仲間と秋、ハイキングに茨城県大子町の男体山へ行った時のことである。

私の育った環境は鹿島灘と利根川に挟まれた土地で、海岸の砂地から続いた地は木といえば松である。紅葉がどんなものか味わうことなく大人になった。

それが袋田の滝もある奥久慈の秋、落葉の紅葉を「なんて美しいのか」と思った。赤と黄の中にいる自分、赤い葉が散っている。帽子にも散る。足元の落ち葉は踏むにもったいないほどの美しさである。「山ってこんなに美しいのか」と山の紅葉に感動した二〇歳の私だった。忘れられない思い出である。

二、富士山《ふじさん》（三七七六ｍ）山梨県・静岡県　在職・二〇代

教員になって、上京しての夏休み、二七歳の多分七月の終わり頃だったと思う。誰に誘われ、誰と行ったかは覚えていないが仕事仲間の人だったことは確かである。真っ暗闇の中を歩き出したことは覚えている。男女六〜七人だったと思う。背の高さ程の杖を買ってその杖に二合目、三合目と焼きごてを押してもらいながら登った。

登っている人数も今のように並んでということではなく、私たちのグループの他にもうひと組ほどが視界に入るという程度だったと思う。

途中でご来光ということで並び、座って見た時の雲海が生まれて初めて見た雲海だった。眼下に広がる雲が日の出に紅く染まっていくのを感動してひたすら見ていたのを覚えている。さて、歩く時になって、休んだ後の歩行の大変さを味わい、ゆっくりだが休まず歩き続けることが、一番早い歩き方だと実感し、その後はみんなは休んでも私は休まず歩を進めたので、グループの中では一番早く山頂へ着いた。一回休むと二〇分~三〇分も休んでしまうからだ。疲れて歩き始めることが大変になるのだ。

山頂で驚いたことは持っていったおむすびが傷んでいないこと、地上だったら真夏で一日以上経てば傷んで食べられないはずなのに少し硬さは感じたが傷んでいない。また、当時の水筒はプラスチックのものだったがその水が氷のように冷たいことだった。三七七六m上の山頂は気温も低く、祠は凍っていた。今思うと当然のことだが当時の私には驚きだった。当時の登山靴は金具のついたごつい重いものだった。

下山は、須走を下《くだ》った。足が止まらず、休まず一気に下まで降りてしまったと思う。でも降りたときは顔も体中もが砂だらけになっていたことも懐かしい思い出である。何よりも凄いことは、練習なしで富士山に登ってしまったことである。二〇代の体力である。二五年三月まで非常勤講師をしていた時の福祉大の夜学生も富士山へ練習なしで登ってきたと言っていた。若さという宝であると思う。私にもそういう時があった。

三、美ヶ原《うつくしがはら》（二〇三四ｍ）長野県　在職中

美ヶ原の登山らしい上り方は二〇代の時、杉並区天沼に間借りしていた折に、高校の図書司書をしていた家主さんと行き、昼食の時にコンビーフを放牧している牛に食べられてしまい、「牛は自分の肉を食べてしまった」と笑ったことを覚えている。百名山の中でも標高差の小さい山べストテン六番目の登りやすい山である。その後大学の友達や妹家族と来ているが、山歩きとして歩いたのは二〇代のこの時である。

平成一三年

四、大菩薩嶺《だいぼさつれい》（二〇五七ｍ）山梨県　六月九日～一五年一一月まで三回以上

私の山行きはここから始まったと言って良い。退職後嘱託員として田無市教育委員会、田無市と保谷市が合併し、西東京市になりいずれも相談員として勤務していた時である。常勤職からみると週四日勤務とはいえ随分気分的にゆとりがもてた。

当時の朝日タウンズに小菅村主催で奥多摩駅まで送迎し、小菅村の民宿へ泊まって大菩薩嶺へ

案内するという記事があった。それに応募したのが山への始まりである。六四歳になっていた。

平成一三年六月九日~日向沢登山口↓大菩薩峠↓熊沢山↓石丸峠↓天狗の頭↓牛の寝↓雄滝へ下山、八月四日~五日柳沢峠↓笠取山↓将監峠↓松姫峠↓笠取小屋泊等宿泊もするようになったし、コースも工夫されるようになった。一五年六月一日、一一月二日にも行っている。

ある時は七四歳の女性が私の後ろを歩いていてよく私の踵を踏むのだ。バスで「歩くのが速いですね」と聞くと、「羽村から来ているが、私の年齢では車も自転車も乗れない。ひたすら歩くだけだったので歩ける」という。私は、自分がこの年になってこんなに歩けるだろうか？　と思った。

さて、民宿ではお年寄りが手打ちそばを打ってご馳走してくれたり、とれたてのやまめの塩焼き、山葵は採れたてを自分ですりおろしてと出してくれて、新鮮で美味しかった。

翌日は役場の職員が登山口まで車で送ってくださり、一緒に登って案内してくれるという村起こしの一環だった。山頂までは結構あると思えた。途中福ちゃん荘、富士見山荘などから絵のような富士山が見えた。見晴らしの良い大菩薩峠には売店と中里介山の碑があった。山荘へ泊まりご来光を見たいと思った。

平成一六年

五、月山《がっさん》（一九八四m）山形県　八月一～三日

探鳥会「小さな観察会」で、月山は探鳥をしたり、花を見たりして鍛冶小屋へ一泊して、夜は山荘の池の周囲で楽しんだ。翌日の登頂の日は早朝から登山者が来て宿の味噌汁で朝食をとる方たちのいることを知った。この日は暑く山頂でこんなに気温が高いと話したこと、アマツバメが頻りに飛んでいて時折、急降下して「ブン！」と耳元に響いた音が思い出される。

月山神社へも初めてお参りをして、帰りには山形市で入浴をするなどしてゆっくり登った。

六、赤城山《あかぎさん》（一八二八m）群馬県　一〇月四日

百名山と言っても最初は、初心者のための百名山の中から自分に登れそうな山を選び、山の会社へ申込み、年に数回行っていただけで、赤城山はその初めの山である。

七、谷川岳《たにがわだけ》（一九七七m）群馬県・新潟県　一〇月一三日　トマの耳まで

麓の土合駅から一三一九mの天神平駅へロープウエイで上がる。

天神平から天神尾根を辿って誘導していただいたが、風が強く、岩場はストックをガイドに預け岩にしがみつくようにして登った。道幅の狭い尾根を歩いている時、ここで落ちたら等思いながら必死に登った。帰りの谷川岳ロープウエイの時刻に間に合わないと大変なことになると言われており、遅れないように必死でみんなの後を追った。やがて谷川岳肩の小屋の広場へ着いた時はほっとした。そこへザックを置き、トマの耳へ着いた時には雨が降っていた。

高い山歩きは始めて間もない時だったので、谷川岳へ登れた感動は大きかった。雨で視界はなかったが、危険を冒し登頂できた感動は大きかった。

最終のロープウエイにも間に合い、ロープウエイでは奇しくも二重虹に気づき、一際美しい虹にみんなと喜び合った。全員無事に帰途に就くことができた。

平成一八年

八、乗鞍岳《のりくらだけ》（三〇二六m）岐阜県・長野県　二度目で登頂・九月三日

一度目は、天気が悪く、畳平に着いた時駐車場に車は一台もなく、私たちのバスのみだった。警備の方から、「風が強いので飛ばされるから登山はやめてください」と言われ、近辺を少し散策をし、コマクサの咲いている様子を見たが、強風にあおられ咲いているけなげな姿に草花は自然界の厳しさにこのようにして耐えているのだ、と思った。人間は避難できるが植物は動けないことを改めて思う。登頂は中止だった。

二度目は、秋で稲穂が垂れ、雀が群がっているのを、バスの車窓からながめていた。下山した時にバスターミナルの手前は高山植物のお花畑になっていて、花の名前は分からなかったが秋の草花の美しさに足を止めた。

二度目で登頂の山について

百名山の中には、二度、三度と挑戦してやっと登頂できたと聞いている山がいくつかある。例えば北海道の幌尻岳は額平川を渡渉するので雨が降ると増水し、行けなくなる。鳥海山は気象の

変化が激しく天候に左右される。特に剱岳、槍ヶ岳、聖岳等は二度目、三度目という話を、一緒に登りながら何度も聞いた。そういう意味で私は二度目で登頂した山はこの乗鞍岳だけであとは全て一回で登頂できたのは幸いだったと思っている。遅く始めた私に幸いの風が吹いたのかもしれないと、今になってそう思っている。

平成一九年

九、浅間山《あさまやま》（二五六八ｍ）長野県・群馬県　五月一四日

浅間山本山は噴火のために入山できず、この時は浅間黒斑山《くろふやま》を浅間山の百名山として登っている。山頂から浅間山の噴煙がよく見えた。現在では前掛山まで登れるので登ってみたいと思い二六年一〇月に予定を入れたが同年九月二七日に御岳山が噴火し、遭難した方達のことを思うと登る気持が失せ、キャンセルした経緯がある。浅間黒斑山登山の時のガイドは二二年に剱岳へ個人ガイドをお願いしたガイドさんで私はこの後何度かお世話になっているガイドＫ・Ｈさんである。山頂で座って浅間山を見ている姿は、山が本当に好きな人なのだなと私には見えた。

車の渋滞で談合坂まで二時間三〇分を要し登り始めたのは、一三時五〇分からで車山肩からの登山だった。下山してバスで八島湿原駐車場へ行き、鷲ヶ峰へ向かうというコースだった。
旅行会社のガイドさんが花をよく知っている人だったので教えてもらった。

一〇、霧《きり》ケ《が》峰《みね》（一九二五m）長野県　八月二五日

一一、大雪山《たいせつざん》（旭岳）（二二九一m）北海道　九月八日～一〇日
（日本一早い紅葉と百名山がまだ登れると思った縦走）

九月八日は旭山動物園へ行き、九日は、大雪山から黒岳への従走で、六時始発の旭岳山麓駅→姿見駅へロープウエイで行き、六時三〇分に歩き始めた。途中の紅葉はダケカンバの黄、ナナカマドの赤、ハイマツの緑とそれはきれいで、北海道の紅葉はこんなにきれいなのかと息を飲んだ。北海道の真ん中の日本一早い紅葉に遭遇したのだ。

この年の七月には探鳥会で姿見駅周辺を散策していたがその時はチングルマも白く風に揺れていたのに葉は赤く紅葉している。旭岳山頂へは九時に着き、間宮岳で昼食をとったが、風が強く、冷たく、風をさえぎるものが無いので祠のような陰を選んで早々に切り上げた。北海岳が一二時五分で黒岳を確認でき元気が出る。

一四時五〇分には黒岳に着くことができた。靴が新しくなれないので右足薬指が痛む。この時靴の紐を締めなおしながら私は、「縦走ができた。大雪山は百名山なのでまだ百名山が登れる」と思ったのだった。百名山の剱岳や幌尻岳など幾つかを知っていればそんなに生易しいものではないと思ったであろうが知る由もないので知らないほど怖いものはなかったのである。

翌一〇日は雨に降られたが、赤岳への登山入口よりコマクサ平まで行き、第一花園、第二花園を経て、銀泉台まで行った。黒豆の木の実やブルーベリーが熟していた。ホシガラスにも会い、ナキウサギの声も教えてもらった。

百名山を登れると思ったこの後、一山でも多く登っておくことが大事と思い一二月まで登れる山を懸命に登ったのだった。

旭岳から黒岳の縦走で百名山がまだ登れると思った黒岳

一二、木《き》曽《そ》駒《こま》ヶ《が》岳《だけ》（二九五六m）長野県　一〇月七～八日

駒ケ根駅で専用バスに乗り換え、紅葉の時期はいつも混むのだそうだが、紅葉のピークでしら

び平駅でロープウエイに乗るのに四時間待ちで、待つ広場は人で一杯で整理券を配られ、時間をつぶすのに周囲を散策したことを鮮明に覚えている。一七時過ぎにロープウエイで千畳敷へ着いた時はヘッドランプをつけて八丁坂を上り、宝剣山荘へは一八時過ぎに着いた。満天の星がきれいで明日の天気を疑わなかった。

しかし翌日は強風と霙混じりの雨で中岳を経由し、山頂へは行けたが、濡れて寒い。およそ一時間で登り、一時間で下山、一時間で千畳敷の駅へ下山した。

装備が下手だったので、ザックの中までぐしょぐしょに濡れ、寒く、悲惨な経験を味わい、全ての荷物をビニール袋に入れてザックの中へ入れないと濡れることをこの時濡れた痛みを通して学んだ。

そして、山の天気の変わり方の激しさ、ヘッドランプの大切さ、手袋・ザックの濡れない方法をとることの大切さを痛いほど味わった。

一三、磐梯山《ばんだいさん》（一八一六m）福島県　一〇月一三日

渋滞で八方台からの登山開始が一二時二〇分、中ノ湯、弘法清水小屋を経て、登頂は一五時。紅葉の時期で、はじめは黄色いブナ林を抜け、紅葉の中を抜ける。紅葉のトンネルのようだった。桧原湖・五色沼も見え、右前方には安達太良山も、中央から左には吾妻連峰が良く見え、風

もない。下りる途中に鐘があり、一人一回ずつ撞いて下りた。

父の戦友とのことで、故郷が福島の人で現在ブラジルに居住している人が父の墓参に訪ねてくださったことを思い出した。その方が、磐梯山は「紅い山だった」と言われたことを思い出し、ブラジルには紅葉が無くきっと紅葉の頃の帰郷だったのだろうと、ふと思った。

一四、草津白根山《くさつしらねさん》（二一七一m）群馬県

一五、四阿山《あずまやさん》（二三五四m）長野県・群馬県

一〇月二七〜二八日（朝・駅前で財布を落とす）

台風が来ており、二七日は朝から雨。予約しているので、雨だからといってやめるわけにはいかない。

手には合羽、ザック等もって駅の階段を上がり、急いでいて財布を落としたのに気付かない。改札でパスネットと財布のないのに気づく。「ない」「忘れたか？」「そんなはずはない」「キャンセルするか」「電話代もない」等、頭の中を思いがぐるぐる駆け巡る。とにかくバックして探そうと階段を下りると、駅前の道路の水たまりに財布が落ちている。急いで拾う。そして改札へパスネットを入れると、「つまりました」と表示され、パスネットは出ない。急いで窓口へ走り告げる。そして切符を買う。電車が入ってくる。飛び乗る。来る前から痛み出した歯の痛みもある。

白根山は前に来てお鉢まで歩いた時と違って四時間もかかるコースで雨の中をびっしょり濡れるので平らなところは傘をさすと手がかじかんで冷たい。宿で靴・合羽などを乾かす。大きさは違うが同じメーカーの靴を履いてきた人がおり、靴を選んだ時のことなど親しく話す。明日二八日の四阿山は晴れてほしい。

四阿山登頂の二八日は快晴。赤いナナカマドの紅葉。黄色い唐松林、白樺の散った樹木の白と地面には落葉の黄でなんともきれいだ。菅平牧場から登山開始。白根山より標高が一〇〇m程高いと思っていたが、甘くなかった。根子岳へ登り、相当下りての登りできつい。それに雨のあとで水たまりが多く歩きづらい。息が切れるが、とにかくついていく。

昼食は頂上でとる。お湯が美味しい。テルモスのお湯を飲みほす。お腹はすかなかったがとにかく食べる。浅間山はきれいな山だと思っていたが、ここで火口側を初めて見た。上のほうは薄く白砂糖を被ったような雪がかかっていた。きれいだ。

一三時に下山開始。沢に近づくと紅葉がきれいだった。落葉は山の斜面に赤、黄の厚い絨毯を敷いたように重なり、まさに織る錦で、落ち葉の壁を作っていた。それが日の光に映えて何と美しいことか。自然の美しさに感動する。

水もきれいだ。澄んでいた。澄むものはどこまでも澄んできれいな気持ちの良い道だった。沢音が一層良い。《最高の幸せ！》「昨日は雨でごめんね」と言って見せてくれているよう。菅平牧場の舗装道路へ出ると、自然全体が黄色に染まっている。牧草も木々も。紅葉の中にいる幸せ。

二日間歩いても筋肉痛はない。この山が歩けたら、霧島岳、開聞岳は登れると思う。

この頃はいつもこの山が登れたから次の山も登れるだろうと思いながら登っていた。

一六、金峰山《きんぷさん》（二五九九ｍ）山梨県・長野県　一一月四日

塩山へタクシーで行く。大弛峠（二三六〇ｍ）から朝日岳（二五七九ｍ）までは岩もなく歩けた。二〇〇ｍの差と計算していたが縦走とアップダウンがあるので計算通りにはいかない。次第に岩が多くなり金峰山の手前の岩に腰掛けて、富士山を見ながらの食事となった。

山頂には今まで知らなかったが有名な五丈岩が聳えており、日本にもこのような所があるのかと驚いた。行ったことはないがオーストラリアのエアーズロックを思い出し、日本には五丈岩があると思った。ここへ来た人しか見ることはできない。もしこの岩が落ちたらなど想像もしてみた。

下山の途中には大日岩が五丈岩に匹敵してあり、驚く。岩の多い山だ。岩で険しいと聞いている瑞牆山もよく見える。どちらが登りやすい

か添乗員に聞いてみると瑞牆山だと言う。それなら瑞牆山も登れそう。両神山も蓼科山も登れそうだ。

バスで隣り合わせた六四歳の人より早く歩けていた。「沢山登ったのが力になっているのよ」と言われる。体重は三キロ減り筋肉もついてきたのだと思う。「私があなたの歳になってそれだけ歩けるか疑問だ」とも言われる。小さな低山を沢山歩いたのが良かったのかと思う。

三頭山《みとうさん》（一五三一m）一一月一一日（百名山には入っていない）

三頭山は三つ頭があるから三頭山というと教えられる。奥多摩湖から登り始めた。中心峰で記念写真を撮る。山頂で添乗員が熱いココアを沸かしてくれる。美味しい。お代りをする。下山は一時間だそうだ。

以前探鳥会で来たことがあるので参加したが、奥多摩湖からはイヨ山（九七九m）ヌカザス山（一一七六m）と縦走し考えてもみなかった距離だ。一日で一〇〇〇m以上登ったことになった。同行した人が「五竜岳よりきつい。ここを登れれば五竜岳は上れる」と言っているのを耳にした。これからの自信につながる。紅葉はきれいだった。唐松の紅葉は黄色で、ブナ林もあった。水源が近いと教えられる。

一一月一三日には、御岳鉄道主催のロックガーデン滝めぐりに参加する予定にしている。

一七、霧島山《きりしまやま》（韓国岳）（一七〇〇m）鹿児島県・宮崎県

霧島連山最高峰の韓国岳《からくにだけ》は頂上から韓国が見えるところから名づけられたそうだ。えびの高原の登山口から登り始める。紅葉狩りの車で駐車場を選ぶ程混んでいる状態だった。天気はよく、紅葉はそれほどきれいではないが、朝日に映えている。

頂上からは大浪池が見えた。下山の途中で正面の高千穂峰（一五七〇m）が形よく、霧島岳より高く見えた。山の名前は今後にも関わるのだが、霧島山はなく総称して言うのだそうだ。霧が多く島のようになっているところから名前が付いたそうだ。

快晴だが、遠方はガスっていた。ヘリコプターが空中で止まり救助訓練をしていた。夜は長年の夢だった指宿温泉で砂風呂に入った。前に息子と来た時は嫌だと言われ入れなかったのだ。右腕など痛む所によく効くように思えた。夜は二一時過ぎから翌日の九時までぐっすり休んだ。

一八、開聞岳《かいもんだけ》（九二四m）鹿児島県　一二月二日～四日

翌三日は小学校を過ぎ、二合目の登山口より開聞岳へ登山を開始する。皇太子殿下の登られた山と聞いており、明るいイメージだったが深い林の中に道を作ったような山に思えた。途中一ヶ所ベンチがあったがみんなで休息する広い場所はなかった。頂上近くなると白波が見え、海に切り立つ山・開門かと思いつつ登る。頂上は岩場になっていて潮風が吹き寒い。岩場で昼食をとる。

先着の栃木県から来た女性五名と合流する。まさに錦江湾の開聞岳だと海を見て思った。

一四時三〇分には下山する。初めての経験に「三日続けて大丈夫か？」と思ったりしたが昨晩の温泉で体を休め、三日目は帰るだけだったが、翌日膝が少し痛んだ。

一九、天城山《あまぎさん》（万三郎岳）（一四〇六m）静岡県　一二月一六日

天城高原ゴルフ場の登山口を一〇時三〇分から登り始める。厚い雲がかかっており、降らないことを願う。

万二郎岳へは一時間ほどで着き、休憩する。

馬酔木のトンネルが続いており、「馬酔木は毒があるので動物も食べない」とガイドが話してくれる。馬酔木のトンネルを抜け、馬の背か？　右側はヒメシャラの林で左側はヒバとはっきり分かれた林を通る。ヒメシャラの幹は赤い色をしており、探鳥会「小さな観察会」で静岡方面へ行った時、会長に幹が冷たいと教えていただいた時のヒメシャラの林を思い出す。幹に触ってみたかった

登山証明書
髙橋尚子　殿
◇日本百名山◇
天城山　1406m
万三郎岳・万二郎
2007年12月16日
あなたは『毎日新聞旅行』のパーティーに参加され、上記の山に登山されたことを証明します
旅行主催：毎日新聞旅行
東京都千代田区 橋1-1-1
毎日新聞旅行

が団体行動なのでできない。でも太いブナの木を見上げ、落ちている実がブナの実だと初めて知り、拾ってみたが空になっていた。

アマギシャクナゲの群落だということでシャクナゲのトンネルみたい。「蕾が少ないので来年はあまり咲かないか？」などと話しながら歩き、楽しめた山になった。山頂近くなると岩が多くなり、頂きは岩場で狭かったが昼食をとった。天城山という山はなく山脈の総称で最高峰が万三郎岳なのだという。冬に登れたことと、途中、平らな所もあり登りやすい山だった。また平成一九年最後の山になった。冬の間一月〜三月の間は、高尾山へできれば週一回登って、筋力の維持を図りたいと思う。

平成二〇年

高尾山登山のことなど

登山は突然行って登れるのは二〇代の筋力がしっかりしている時である。高齢になっては普段の備えがないと山へ行って苦しむのは自分である。そのために私は冬の寒い時期は自宅から登山口駅まで一時間程で行ける高尾山へ行き筋力維持を図っている。

高尾山登頂について

一月二三日～二五日の降雪がアイスバーンになり、頂上になるに従い厳しい。

二月一一日～雪があるので一号路の舗装路で往復する。

二月一六日～行ってみたかった琵琶滝のコースで行くことにした。

この道はアイスバーンがひどく、苦労の連続だった。冬はこのコースは駄目だと分かった。アイゼンが必要だ。

二月二三日～気温一五度だが午後から急速に気温が下がり雪になるとの予報だったので、七時に家を出、昼過ぎには帰宅できた。三月二七日には高尾山へ何度も来ているので案内するという人に会い、高尾山→紅葉台→城山→影信山と一〇数キロ歩くことができた。結局一月～三月に高尾山には二月二日と三月一日を含めて六回行ったことになる。

三月一六日には子の権現と竹寺へ～竹寺での昼食は予約制でこの日は念願の食事がとれた。す

高尾山から見た富士山

べて竹の器で風情のある食事だったが山深いので、食事の後の下山は大変だった。

私は東京福祉大学で一四年四月から非常勤講師をしていたがこの年は学校の都合でひと夏授業が無くなったので夏山登山には幸いだった。この時とばかりに四月から一一月まで、四二山の登頂を予定し、登れるだけ登るつもりだった。しかし、予定は未定である。そして年末には大変なことが起こるのである。

二〇、宮之浦岳《みやのうらだけ》（一九三六m）鹿児島県（屋久島）四月五日～七日（美味しかったビール）

屋久島は雨が多い。一六年に探鳥会で縄文杉を見に二〇キロ歩いた時、登ってみたいと思っていた山だ。その時は幸い雨のあとで気持ちよく歩けた。

しかし、六日は終日雨、標高差五七五m、一八キロ、一一時間と素人の私が単純に計算してみたが実際には途中いくつも山を越すのでとんでもない標高差になっていたはず。

朝六時一五分に淀川登山口（一三六〇m）を出る。雨天で足場が悪い、岩、濡れた木の根、階段、木道、ぬかるみ等なんでもありの山、木の根に滑り、転びたくて転ぶのではないが二度転びガイドに叱られる。骨折を心配してのことだが複雑な気持ちである。

最初の山は高盤岳展望台（一七二〇m）、やっと登ったのに次はこんなに下がらなくてもよいのにと思うほど下る。花之江河（一六〇〇m）一〇時、黒味岳（一六七〇m）、投石岩屋（一六八〇

ｍ）一一時、翁岳（一七五〇ｍ）、粟生岳（一八六七ｍ）一二時四二分、頂上はもう少しになってきたが、疲れても雨で座ることはできない。休息は立ち休みだが、濡れている体はじっとしていると寒くなる。周囲に岩があり、展望は開けて天気が良ければ景色の良いところだと思うが足を取られるのでひたすら足もとの木の根、石につまずかないように下を見て歩くので周囲を見るゆとりはない。

山頂着（一三時五分）、風が強く写真を撮って順に下る。視界はゼロ。この山が百座目で完登の女性がいたが、用意してきた完登の旗も雨と風でくしゃくしゃになり、気の毒だった。歩き飽きたと思い、下山できたのはヘッドランプをつけて一八時三〇分頃になり、宿では遭難したのではと心配していたという。宿へ着いてまず、風呂へ飛び込み冷えた体を風呂で温め、旅行会社から一人に一杯ずつもらったビールの美味しかったこと。飲めない私が、こんなに美味しいものかと一気に飲んだビールの味が忘れられない。

二一、**大台ヶ原山**《おおだいがはらやま》（一六九五ｍ）奈良県・三重県

二二、**大峰山**《おおみねさん》（一九一五ｍ）奈良県　四月二九日～三〇日

二九日の大台ヶ原は山を登ったというのではなく平原を歩いたという感じだった。

でもこの山は昔、苔に覆われた樹林だったというが、鹿の害で枯れ木の平原に変化していた。

比較の写真が掲示されていたが言いようのない思いで歩いた。ネットを張って植生の保護に努めている部分もあり、そこは、草花が生え保護の効果が歴然としていた。

思い出は牛石ケ原を過ぎテレビでも見たが、高低差のある大断崖に突き出た大蛇嵓に一人ずつ腹這いで行き眼下を眺めたことだ。渓谷や山腹が広がっているのだが怖くて眺めるゆとりはなかった。

三〇日の大峰山は、現在も大峰山寺の一部に女人禁制を敷いているというが、昔は女人禁制の山だったという。大峰山系の最高峰・八経ヶ岳が山頂である。

行者道トンネル西口を六時四〇分に発ち大峰奥駈道分岐を七時四三分、聖宝宿跡を八時四〇分、修験行者の山で坐している石の理源大師像から修験道の山であることが伺われた。

急坂を登り、彌山小屋に九時二〇分、山頂・八経ヶ岳一〇時三〇分着、下山は彌山小屋を一〇時五〇分、聖宝宿跡を一二時二〇分、一四時五分には行者道トンネル西口に着いた。ハードな山だった。花はシャクナゲがまだ蕾だった。コバイケイソウの新緑としっかりした葉脈が印象的だった。

ここでも鹿の害と伊勢湾台風の倒木で樹木の立ち枯れがすさまじく、苔も熊笹も育っていない正木ヶ原にもっと早く手を打つべきだと思った。

健康…帰宅後、一日目は足の筋肉痛、右の腰が痛む。二日目は足の痛みが取れ、腰の痛みも軽くなる。休養に努める。

二三、伊吹山《いぶきやま》（一三七七ｍ）滋賀県　五月一七日

二四、恵那山《えなさん》（二一九一ｍ）岐阜県・長野県　五月一七日～一八日

一七日は東京からバスで岐阜県南側の九合目まで行き、二時間程散策をしながら伊吹山の山頂を目指すという登山だった。道の両側に広がっているお花畑の花の名前をガイドから聞きながらの散策だった。

伊吹山ドライブウェイ九合目駐車場からバスで二時間三〇分程で昼神温泉宿へ着き、明日の恵那山の登頂に備えた。この山では昨年北海道大雪山へ一緒に登った同年代のHさんに会い共に登れ心強かった。山にはいろいろな出会いがある。

一八日は四時三〇分起床、サンドイッチの朝食を済ませる。起きぬけに食べるのは食欲も何もない。登るための体力のために腹へ入れておくというものだ。みんなと同じにしないと途中でお腹がすいても食べる時間がなくシャリバテで歩けなくなり、悲惨な思いをするのは自分である。団体行動に迷惑をかけるようなら行かないほうが良いと心得ているから行動を同じくするのが鉄則だ。おむすびはさすが食べられず、登頂の休憩の時の行動食として持つ。一つなら、ザックの重さにそれほど負担にならない。あまり重いと登頂の体力に影響してくるのでいつも最小限の荷物にして、体力の維持を保つようにしている。

ガイドから一グラムでも軽くするようにと教えられ、守っている。

登山は林道の終点（一一四〇ｍ）を六時三〇分から、広河原登山口までの舗装道路を三〇分歩き、登山道に入る。急登もあり、結構登り応えがあった。標高差一〇五〇ｍを一〇時二五分に山頂に着き、下山開始一一時二〇分、残雪があり、三〇分程雪の中を歩く。

帰りのバスは小仏峠で二〇キロの渋滞があり新宿着、二一時となる。

健康…一七日ぶりの山だったので両大腿が疲労で痛む。帰宅後二日で痛みは取れる。靴にはインソールを敷いたので、右足薬指が痛む。きついのか、爪の色は変わってないが帰りのバスの中で絆創膏を捲いておく。

二五、甲武信ヶ岳《こぶしがたけ》（二四七五ｍ）長野県・山梨県・埼玉県

五月二四日～二五日（きついコースだった）

西沢渓谷を一〇時三〇分に出発、一一時五分に登山開始で一二時二五分山中での昼食後出発、一四時一五分シャクナゲの原・戸渡尾根を歩く。花の美しさで急坂も忘れるほどだったが。雨が降ってきて残雪も深いので合羽・アイゼンをつける。

木賊山は雪にすっぽり埋まり木賊山の山頂の表示の先のみ見えている。ここでは止まらず通り過ぎる。甲武信小屋への途中、シャクナゲ通りがあり、しばし疲れを忘れさせてくれた。二〇分程で小屋へ着く。小降りだったので衣類・靴の中など濡れず助かった。

二五日も小雨、甲武信ヶ岳は宿から近いので早朝六時に山頂へ、雨で視界はないが表示の周囲は石積みになっており三国が甲斐の甲、武州の武、信州の信の入った風格のある頂上だ。

下山もきつかった。笹平避難小屋でアイゼンを外し西破風山（二三一七ｍ）への昇りは大石と岩できつい。東破風山を経て雁坂嶺（二二八九ｍ・山梨百名山と表記）から雁坂峠へ右斜面は熊笹の原で見晴らしが良い。ここは、かつて武田信玄も通った道であるという表記を見て、感慨深い思いをした。沢へ下ると雨で水量が増しており、沢へ入り手助けしてくれるガイドを頼りに渡り、また渡り返すなどをして一六時に下山を終える。二〇名中、一〇名が男性と多く、珍しい。

健康…二六日はアイゼンを使用したためか両大腿部外側に筋肉痛があったが二七日には薄らぐ。

二六、阿蘇山《あそさん》（一五九二m）熊本県　五月三一日

二七、祖母山《そぼさん》（一七五六m）大分県・宮崎県　六月一日

二八、九重山《くじゅうさん》（一七九一m）大分県　六月二日（雨のミヤマキリシマ）

三一日は羽田へ六時三〇分に集合し七時三〇分発福岡行きで飛び、仙酔峡からロープウエイで火口東駅（一二八三m）へ着くと亜硫酸ガスの匂いがひどい。ハンカチで鼻と口をふさぎゴホゴホ咳をしながら歩く。白い煙が立ち上っている。一番高い高岳（一五九二m）へ着く。下りは徒歩でガレ場があり滑りやすく、歩きにくい。下りる頃になって、有名なミヤマキリシマの咲き終わった残りを見る。

夜は内牧温泉で疲れが取れて有難い。夕食時、ホテルから外輪山の涅槃の山々が見え、給仕の人が外輪山の説明などしてくれる。

六月一日は祖母山登頂にタクシーへ分乗して北谷登山口（一一一〇m）からの登山となる。一合目毎五三〇mおきに表示がある。途中で（大分・熊本・宮崎）三県の県境の表示がある。国観峠で休息、昼食をとる。途中の道は崩れていて非常に歩きにくい。雨だったら滑って大変な道だった。山頂近くでバランスを崩し、転びそうになったがバスで隣席のFさんに支えられて助けてもらった。山頂。道の悪い印象が残った。

二日の九重山は牧ノ戸峠（一三三〇ｍ）からの登りである。あいにくの雨。ただ歩くのみ。沓掛山の岩山を登って下り、中岳（一七九一ｍ）へ行く。次に九重山を目指したとき、風がひどくてザックカバーを飛ばされた人がいた。私の手元にも前の人のザックカバーが飛んできて渡した。ここでガイドが九重山へ行くか、行かずに下りるか希望をとった。半々になる。私はまた来ることを考えると山頂を目指すことにした。山頂付近はミヤマキリシマの庭園になっており天気が良かったらどんなにか良かったかと思い、雨の中で一枚だけ急いでカメラにおさめた。初めて目にする小ぶりのピンク色の雨に濡れた花だった。

合羽を着ているので周囲が見えず、千里ヶ浜の湖に着いた時は山から突然の湖で「こんな所に湖が？」と思い、驚いたが、カメラにおさめる間はなかった。昼食は避難小屋があり、そこへ入り昼食を飲み込むように食べて下山した。

二九、安達太良山《あだたらやま》（一七〇〇ｍ）福島県　六月一五日（智恵子のほんとうの空）

一四日の地震で福島は震度四で心配していたが、天気良くゴンドラ可動。奥岳から薬師岳へゴンドラで行き、登山はじめは一一時五五分。徒歩一時間余りで山頂に着く。イワカガミが咲いており、智恵子の「ほんとの空…」の碑が建っている。智恵子のいうほんとに青い空だった。

表示のそばに荷物を置き、乳首へ登る。磐梯山、吾妻連峰、飯豊連峰が遠方に、桧原湖も見える。花に癒されまた来てみたい山だ。

皇太子ご夫妻の来られた碑もあり、整備された道は歩きやすい。途中イワカガミ、マイズルソウ、ゴゼンタチバナ、ナナカマドの真白い花と蕾、特にアカヤシオの紅が濃い萩色できれいだった。下りには、盛りのレンゲツツジ、木陰にはギンリョウソウも、そしてオオカメノキの白い花も盛りで楽しめた。ただ列に遅れるので、アカヤシオを良いアングルで撮れなくて残念だった。

噴火の跡のすさまじさを目の当たりにする。ここへ来ないと見られない登山の醍醐味を味わう。

下山開始は一三時二五分、峰の辻一三時五五分、くろがね小屋から奥岳へ。一六時～入浴し帰宅。

健康…一六日・庭の躑躅の剪定と下草刈り、

一七日・除草とラッキョウの皮を三キロ剥いて漬ける。異常なし。

登山証明書

高橋尚子　殿

◇ 東北の名峰 ◇

安達太良山 1700m

（日本百名山）

2008年6月15日

あなたは『毎日新聞旅行』のパーティーに参加され、上記の山に登山されたことを証明します

旅行主催：毎日新聞旅行
東京都千代田区一ツ橋1-1-1

毎日新聞旅行

三〇、利尻山《りしりざん》（一七二一m）・礼文岳《れぶんだけ》（四九〇m）　北海道　六月二〇～二二日

二〇日、稚内は雨だった。バスから見えた宗谷中学校は海に面した小さい学校だった。牧草地に黒い牛が放牧されていた。一三時四五分、雨でみんなが来ないが二度と来られない所なので昼食時に傘をさし一人で観光することにする。まず、宗谷岬公園へ行った。途中、花壇の周りには婦人会の人の育てたアメリアが咲いており、表示があった。祈りの塔や世界平和の鐘があり私は三度撞いた。私の祈りの鐘の音が濡れた公園に響いた。宗谷岬は公園からずっと下った所だった。そばの、間宮林蔵の碑でも写真を若い男の子と撮り合う。そしてゲストハウス・アルメリアでみんなと合流した。

利尻山登頂

二一日に登頂した。五時に宿を立ち、五時三〇分登頂開始。

北海道の山はリフトなどなく、下から登るので標高差一五〇〇mになるので、早朝に登り始めないと、途中に山小屋がないので登りきれないことになる。下りの途中で船が遅れたと言って登っていたグループがあったが「山頂へ行けず途中で帰ることになる」とガイドが話していた。

下る時九合目のガレ場で転び一回転して足と右腕を打った。でも打ち身で良かった。注意が必要と自覚する。この時の腕の痛みは何ヶ月もずっと続くことになる。

北海道の山は携帯トイレ持参になっている。初めて使う。そして下まで持ち帰るのだ。自然を

守るためである。水分も十分とり良かった。

途中の花は、コウキンカ、ゴゼンタチバナ、ネムロシオガマ、ヨツバムグラ、チシマフウロ、ハクサンチドリ、ツバメオモト、ヒトリシズカ、ミヤマオダマキ、エゾノハクサンイチゲ、ボタンキンバイ、カキツバタ、エゾスカシユリ、ハマナス、エゾカンゾウ、マイズルソウ、ミツバシオガマ、エゾカワラナデシコ等。

二二日は礼文島へ

鴛泊港より礼文島へ行き、礼文岳へ一二時～一六時三〇分まで登・下山した。四九〇ｍの山でも歩きでがあった。礼文桃岩へのハイクは風が強く持っている衣類を全部着る。海から吹き上げる風でそれでも長くはいられない寒さだ。

レブンウスユキソウとリシリヒナゲシを見てバスへ戻る。レブンアツモリソウは見られなかった。民宿の食事の美味しいこと。

さしみは、タコ、鯛、甘エビ、烏賊、ソイ（鯛より美味しかった）、雲丹、蟹、貝、ホッケの卵の和えもの、鰈のから揚げ、鰍の煮物、など。家のお正月でもこんなに食べられない御馳走。北海道の三泊に感謝、感謝。

踊子草擦りむき下る利尻富士

健康…お使い、クリーニング、歯科、洗濯、ストック、登山靴洗いとできた。

三一、後方羊蹄山《しりべしやま》（一八九八m）北海道　六月二九日〜三〇日（山で友達に会う）

二九日には、実はニセコアンヌプリ（一三〇八m）にこのツアーは登ることになっていたが、私は利尻岳へ登って一週間しか経っていなかったことと、北海道に毎週で、「来週まで北海道にいたら？」と言われたほどで、体の疲労を考えこの山へは登らないことにした。もう一名、栃木県から来た男性も登らなかった。

そのための空いた時間を私は、ニセコの沼めぐり、イワオヌプリ（一一一六m）の麓のお花畑の散策に充てることにした。ここで私は初めてエゾイソツツジに出会う。山の斜面・箱庭のような所のお花畑だった。ウコンウツギ、ナナカマド、コケモモ、マイヅルソウなどをここで見て楽しんだ。このようなほっとした日があっても良い、と思った。

三〇日の後方羊蹄山は登山口（四二〇m）から登るので標高差一四七八mである。この山は、一合目から九合目まで表示があった。九合目からはガレ場を登った。九合目にエゾノツガザクラがきれいに咲いていた。頂上へ着くとそこは黄色と白のメアカンキンバイなどのお花畑になっていた。天国と地獄を思い、天国の花園だった。

すると「髙橋さーん」と呼ぶ声、別のツアーで来ていたFさん（何度も山で一緒になった友達）

が私を山頂で見つけて声をかけてくれたのだ。なんと奇遇な、と思う。ガイドを通して連絡でき、北・間ノ岳に七月二六～二八日に一緒に行く約束をする。

三二、日光白根山《にっこうしらねさん》（奥白根山）（二五七八ｍ）栃木県・群馬県　七月六日（山頂で雷雨）

ゴンドラやケーブルを使うことは少ない登山だが、ここではゴンドラで丸沼高原駅→山頂駅へ昇る。そのため標高差五七〇ｍ・コースタイム五時間でレベルも初級者向けである。

登山開始一〇時五〇分、登りながら、イワカガミ、ミツバオーレン、ツバメオモト、ミヤマカタバミ、シラネアオイとハクサンチドリ、ゴゼンタチバナは各一輪、カニコウモリは多かった。ケーブルを降りた所ではツガザクラ、コキンバイ、シロバナノヘビイチゴ、マタタビそれにコマクサを育てていた。以前探鳥会で来た時、シラネアオイは大事に栽培されているのを見ていた。

山頂一二時五〇分。

この山頂で同じグループの男性から私を「日本のお母さんという感じ」と声をかけられる。何故かしら、と思った。登った山の話を交わしたからかしら、と思う。

この山は関東で最高峰である。ガレ場を過ぎてお花畑があり、山頂は一旦下って登るのだが岩場が多く大勢はいられず写真を撮ったら下り、弁当はお花畑を見ながら広げた。

だが、弁当を開くとポツポツ雨。合羽を着る指示で、おにぎりを口に放り込みながら弁当をしまい下山の支度。雷の大きな音が何度もする。岩場とガレ場のみで陰になるものは何もない。ガイドの「下りる！」の指示でものも云わずに、一列になりひたすらガレ場を駈け下りる。しばらく走って木陰に入ってやっと一息である。一五時二〇分に下山。土砂降りとなりゴンドラがストップしている。少し待ち、動き始めたゴンドラで下り丸山高原駅で入浴をしてほっとする。今までいくつも登ったが後にも先にも山頂で、こんなに怖い雷にあったのは初めてだった。

三三、蓼科山《たてしなやま》（二五三一m）長野県　七月一一日

七合目から登頂開始。はじめは林道だが、石の多い道。将軍平にある蓼科山荘で休息。ここからは岩、大石の急登でストックは使えない。九合目からは岩と大石を渡り歩き、登る。道の両サイドにはへばりつくようにコイワカガミ、ゴゼンタチバナ、ツガザクラ、マイズルソウなど知っている花があった。

頂上は灰色の岩の原で草木なし。ガスで展望がよくない。このような頂上も始めてである。来てみないと分からないものだ。

この山の下りで知人が膝を痛めたと聞いていたので特別の思いの山である。

健康…四日おいて北海道の幌尻岳の予定だが用意は済み、疲れの影響はない。しかし十四日にトイレの入口の角へ左足薬指をいやというほどぶつける。見る間に赤く腫れ、整形医で

レントゲンを撮るが骨折はなく打撲。登山靴を履くのに困るが仕方がない。渡渉で冷やせて良いと思う。

三四、幌尻岳《ぽろしりだけ》（二〇五二m）北海道　七月一六日～一九日

この山は渡渉があるので天気の影響が大きい山である。一六日は民宿泊、一七日の渡渉時は曇りで山荘のまたぎのオーナーに助けられての渡渉だった。額平川は一五回～二〇回の渡渉があり、四の沢はひざ下。へつり（岩を伝うこと）二回。マタギの岩渡りの早いこと、ついていくのがやっとだったがおかげで無事山荘へ一三時に着くことができた。着いて一六時頃から雨だった。

一八日朝、雨が止み登山は可。六時一五分から一五時。幌尻岳は日高山脈の最高峰で独立峰である。スケールの大きい山で百名山の中でも渡渉があるので難関の山だ。同行の人は女性一〇名、（七三歳が一名、七二歳が二名〈一名は私〉、七一歳が一名、六〇代が六名）、男性二名、参加者は大阪、四国、新潟、名古屋、松戸等からでこの山だけ残ってしまった二回目、三回目の人もいた。

一九日の帰りの渡渉は一七日に雨が降ったために増水しており、来るとき膝だった所は腰までつかった。他のグループの人がザックごと転んでいたが自分のことで精一杯だった。渡りきって濡れた衣類を着替えた時はほっとした。食料を背負ってきてもらったスタッフの方々に感謝。天気に恵まれたことも幸いだった。一回で登頂できて本当に良かった。

健康…七月一四日に左足薬指をひどく打ち腫れて骨折はしてなかったが行けて良かった。帰宅後体に疲労の浮腫があったが二〇日〜二一日で体重も元に戻り二二日には回復した。

三五、北岳《きただけ》（三一九三m）山梨県

三六、間ノ岳《あいのだけ》（三一九〇m）山梨県・静岡県　七月二六日〜二八日

北岳は富士山の次、間ノ岳は穂高と並んで三番目に高い山だ。二六日は八王子駅七時四五分集合なのに人身事故で何とか間に合う。人身事故で電車のトラブルは山行きで二回だ。多い。甲府からタクシー相乗りで広河原から歩き始める。白根御池小屋を目指すが、二三名中、男性一名の荷物が多くて歩けない。もう一名は日射病か、吐く。ガイドが荷を背負ったり添乗員とゆっくり来るなどし、予定より一時間遅れで小屋へ着く。小屋は混んでいて体の幅しかないスペースで寝る。

二七日は間ノ岳を目指し、六時発、まず雪渓を越えて、八本歯のコル・階段が続き、北岳山荘着一二時、昼食後一二時四五分に間ノ岳へ向かう。中白峰を経て一四時三〇分登頂。雲行きが怪しい。暗く、風が冷たい。雷鳴と稲妻が光る。雨が降りそう。遮るものはなし。雨具を風に飛ばされそうになりながら着て、ひたすら急ぐ。小屋が見えた時はほっとするが靴までびっしょり濡

れてしまう。一時間早めの予定通りだと良かったと思った。

二八日は北岳を目指す。山荘を五時四〇分に出発する。霧で視界はゼロ。山頂近辺にお花畑が広がっていた。山頂は狭い。イワヒバリが来てカメラで追ったが撮れなかった。でも忘れられない出会いだった。下りは肩の小屋から草滑りを経て沢沿いに下る。沢は水量が多く心がなごむ。緑もきれいだ。途中白根御池小屋へ一〇時四〇分に着き昼食をとり、一一時発で広河原へ一四時に着くことができた。八時間余りの長い下山だった。

健康…体の浮腫はなかった。ずいぶん歩いたのにと思う。

三七、甲斐駒ヶ岳《かいこまがたけ》（二九六七m）長野県・山梨県　八月二日～三日

二日は北沢峠の長衛荘へ乗り物のみの移動で歩行なし。この旅では四月、宮の浦岳で百名山を迎えたTさんと会い、一緒に行動できてよかった。

運転手さんの話では山梨県側の広河原から長野県側の北沢峠までは、歩くと登り五時間、下り四時間かかるが一三年かけて今の林道ができたのだそうだ。四月～一一月まで利用可だそうである。途中の岩山は女性が寝ているように見える鋸岳（二六七六m）、甲斐駒ヶ岳は花崗岩の岩盤と砂地であるなど話してくれる。空木岳、宝剣岳、木曽駒ヶ岳の見える所では徐行してくれる。谷で長野県側に入ったことを知らされる。ロッククライミングの岩や河原はバーベキューを楽し

めるという。高岩ダム、細い滝、風穴などが見えた。

三日は四時出発、途中の山荘で「みんな寝てるので静かに！」と注意を受ける。仙水峠、駒津峰を経て頂きが近くなると山は白くなり、岩場を伝って登った。登頂は九時一五分。山頂では富士山、北岳、間ノ岳、仙丈ヶ岳、地蔵岳のオベリスクなどの展望が良かった。団体行動でゆっくりしているゆとりはなく、下山開始九時三五分。一三時発のバスに乗るために下山を急ぐ。靴紐調整のゆとりはない。打撲した左足薬指がまだ痛む。真ん中ぐらいの順位でひたすら走るようにして下山し、バスの時刻に合わせる。甲斐駒ヶ岳は険しいが美しく良い山だと思う。

健康…七月一四日に打った足指が痛むので靴紐を緩くすると下りではつま先が痛む。それをかばうため力が平均的に行かずに疲れる。登山はハードな運動である。帰宅後浮腫が悩みだったが、浮腫はない。腎臓に適切な体重になったか、運動量が体に合ってきたのかなどと思う。

三八、鳳凰山《ほうおうざん》（観音岳）（二八四一ｍ）　山梨県　八月九日～一〇日（タカネビランジの花）

鳳凰山は一番高い山が観音岳（二八四一ｍ）で、薬師岳（二七八〇ｍ）、地蔵岳（二七六四ｍ）が鳳凰三山である。九日は一一時一五分夜叉神の森から登山開始。昼食をバスの中で食べたので行動食が少なくなり、シャリバテが頭をかすめる。タクシー乗り場の芦安村で紅葉饅頭とくるみ入りのパンを追加しておいたのでこれで大丈夫。

一四時頃から雷鳴と時折の雨。「運だよ」というガイドの冗談に早く着いてほしいと思いながら夜叉神峠、杖立峠、苺平に差し掛かると、足もとに花が、ヤナギラン、シシウド、オトギリソウ、ヤマハハコ、オヤマリンドウは紫色の蕾が咲きそう。沢山ある。ヤマハハコ、シナノオトギリ、マイズルソウ、ミヤマトリカブト等。一六時三〇分頃南小室小屋へ着く。標高二四五〇mなので寒い。夕食にトン汁が出て美味しかった。みんなお代りをして腹を満たす。私も家ではあり得ないご飯のお代りをする。

一〇日五時四五分発で薬師小屋から薬師岳へそして鳳凰山のピークである観音岳へ着くと「こっちへおいで」という様に道標の岩下から白、ピンク、濃いピンクなどの花を咲かせている。カワラナデシコの花に似ている、心に止まった花があった。タカネビランジというこの花は初めて出会った好きな花だ。狭いので少人数ずつ登り記念撮影をする。地蔵岳の賽の河原に出るとそこには地蔵様が沢山並んでいる。ここで若い子がカメラを休憩した所へ忘れ取りに行ったのでこの時間を使いタカネビランジの周りに小石を並べて囲い、その隣へ石を五～六個積み私のケルンにした。オベリスク（地蔵岳）の下でずっと永遠にここにいたいと思った。鳳凰山は心ある落ち着いた山だと思う。もう一度来たい山をあげるなら、私はこの山をあげる。鳳凰小屋の水は冷たく美味しかった。

下りで三〇代の女の子が太ももの筋肉がつって歩けなくなる。今年ただ一つ選んだ山なのだそうだが、山はそんなに簡単ではない。やはり積み上げていかないと若いといっても何が起こるか分からないのが山である。全員が一時間三〇分程遅れて下山できた。

三九、塩見岳《しおみだけ》（三〇四七ｍ）静岡県・長野県　八月一六日～一八日（十五夜だった）

一六日は、松川インターからバスで鳥倉林道終点・一六三〇ｍ地点で降り、運転が乱暴で気分の悪い人が数名出る。一二時三〇分発で三伏峠小屋（二五九〇ｍ）へ一六時三〇分に着く。ガイドがみんなの足を揉んでくれたので眠ってしまう。夜、二一時頃目覚めると、すごい雨の音。明日は？　と思う。

一七日は六時発で本谷山から塩見小屋へ八時五五分に着き、不要の荷物を置いて塩見岳へ向かう。天狗岩を越した上は岩の山だ。昼過ぎには下山し、一三時頃からは自由行動の時間だった。花は登り始めのマルバダケブキから、山頂の方ではイワキキョウ、チシマキキョウ、トウヤクリンドウ等、タカネバラはピンクできれいだ。森の妖精のミヤマモンキチョウも。

塩見岳から霧がなかなか動かない。「今夜は満月」で素晴らしいと思う。添乗員さんが用意してくださった月見饅頭をみんなでご馳走になった。

夜半、「月がきれい！」の声でカメラを探すが見つからない。ガサガサ音がすると寝ている人に迷惑なのであきらめ、月を見る。きれいに晴れた塩見岳の夜空に満月が……登った塩見岳の上に煌々と出ている。素晴らしい。

塩見小屋は水の汚れを避けてトイレは全て携帯トイレの使用。水は五〇〇ＣＣのペットボトルを一本無料で配布してくれる。その水で歯磨き、洗面を済ます。小屋のスタッフが一時間かけて汲みに行ってくれているので無駄にはできない。弁当は手作りのヒジキ、ユカリ入りのお稲荷さんで有難い。

一八日は快晴。早朝四時に食事、五時小屋から上がった広場へ集合し、五時五分のご来光を迎える。視界が良い。北アルプス、中央アルプス、そして南アルプスと見え、常念、鹿島槍、爺ヶ岳、槍ヶ岳、笠ヶ岳、穂高等々。大事な塩見岳の朝。塩見岳は堂々とした独立峰だ。私はここにいられる幸せを感じた。体操をして出発。下るのみの日、一番怖かったのは朽ちた丸太の橋だった。参加者は男四名、女八名。忘れえぬ山だ。再度、新潟の男性に会う。

四〇、御嶽山《おんたけさん》（三〇六七ｍ）長野県　八月二三日〜二四日

塩尻から鉢伏山荘前（一八二〇ｍ）までバスで来てみんなは鉢伏山（一九二八ｍ）へ登ったが視界が悪いことと私は以前探鳥会で来て登っているのでその旨伝え、バスで待機することにする。そしてバスで王滝口へ。田ノ原山荘（二二〇〇ｍ）泊となった。この宿は小さいが風呂もあり、水も出る。トイレも内にある普通の宿で信者がいるので客も多い。この日も一〇〇名程いたと思う。二〇時に寝て一時に目覚める。雨足強い。三時に少し弱まる。四時起床、洗面・食事。大はいつもよく出る。

二四日は登山開始五時発の予定だったが、雨がひどいので三〇分遅らせる。滝のように降っているので他のグループで出た人は頂上へ行けず引き返してくる状態だった。それを見て同行の一三人が残り、一七名が出発した。私ももちろん出発組である。信者の多い山なので道は整備されており、歩きやすい。山荘からは金剛童子、山室小屋で二回休憩し、王滝頂上へ。剣ヶ峰へ着くと雨も止み、鳥居のところで写真も撮れる。ラッキーだ。王滝頂上、剣が峰山荘にはトイレもあり、茶の御馳走をうける。高い所なので沸点が上がらず、七〇〜八〇度の沸点だそうだが寒いので温かいお茶はありがたい。トイレは浄財入れがあり一〇〇円入れる。剣ヶ峰へ向かう途中「ゴーッ」という噴火口の音と白いもくもくとした煙、硫黄の匂いが鼻につく。視界は利かずお池も全く見えない。

下りは御嶽ロープウエイの飯森駅を目指す。途中薄日も射したがまた降り、濡れる。頂上から

白装束・地下足袋の修験者が「六根清浄」と言いながら下りてくるのに会う。

この山の感想は人口の手が入り過ぎている。年配の信者もいるためだと思うが。石碑、女人堂などあった。剣が峰の途中には火祭りをして火の上を歩いたという跡が残っていた。

テレビで見た二六年九月二七日噴火の事故がこの山だったとは、と思う。

帰宅後の健康に問題はなかった。

四一、立山《たてやま》（三〇一五ｍ）　富山県　八月三〇日～三一日（剱岳を前に）

立山は立山最高峰の大汝山（三〇一五ｍ）雄山（三〇〇三ｍ）富士ノ折立（二九九九ｍ）の総称で、この他に別山（二八七四ｍ）浄土山（二八三一ｍ）を合わせて立山三山といい、この他に真砂岳（二八六一ｍ）の山頂を踏んだ。

三〇日は室堂を一四時三〇分から歩き雷鳥沢を経てひたすら登る。雨が細い川のように流れる中を宿の剱御前小屋（二七六〇ｍ）泊となる。室堂で延命水を汲むためのペットボトルが見つからず手間取りのろい自分が不甲斐無い。雨具着用も最後。もっと早く行動しなければと思う。

濡れたものは宿の乾燥室ですぐ乾き助かる。

日の入りの頃は夕焼けで、富山市の街明かりが一つ二つと瞬きだす時真っ赤な夕日が落ちた。

そして目の前の険しい山の名前を聞くと「これが剱岳」だと言う。カメラにおさめる。

最大の難所の山だ。この山は六五歳までしかこの会社は引率しないということで、目の前に見ながら年齢制限で私は行くことができず、立山三山を歩くために来ている。どの会社も規制のある山である。

三一日、三時四〇分に目覚め五時出発、天気は晴れ、空は澄み、早朝の山は私たちのグループのみでなんと気持ちが良いのだろうと思う。良く見えた山は唐松岳、五竜、鹿島槍、爺ヶ岳、赤沢岳、蓮華、浅間山、鳳凰山、北岳、間ノ岳、塩見、荒川三山、富士、八ヶ岳と続く。なんと素晴らしい時なのかと思う。

真砂岳でおむすびを朝食用に一つ食べる。大汝山（三〇一五ｍ）は一番高い大きな岩を伝って頂上へ行き全員は並べないので一人、二人とカメラにおさまる。そして少し下り、休憩所になっている小屋で休む。更に少し登った所に雄山があり、山頂には天空の神社があり、五〇〇〇円のお布施を払い神主から御祓いを受ける。そしてお札をいただく。浄土山は時間が足りなくなり、行く人と行かない人に別れる。私は行く方に入ったが、ピッチが上がる。下山の早いのは困るがそうは云っていられず、最後尾でついていった。花はガイドが詳しかったので聞けて良かった。ウサギギクは分かりやすかった。

山を訪ねて信仰の山が多いと思った。

四二、薬師岳《やくしだけ》（二九二六ｍ）富山県
四三、黒部五郎岳《くろべごろうだけ》（二八四〇ｍ）富山県・岐阜県
四四、鷲羽岳《わしばだけ》（二九二四ｍ）富山県・長野県
四五、水晶岳《すいしょうだけ》（二九八六ｍ）富山県
三俣蓮華岳（二八四一ｍ）・野口五郎岳（二九二四ｍ）・烏帽子岳（二六二八ｍ）の縦走
九月五日〜一〇日の六日間

山の会社では高齢者のためにゆっくり時間をかけて登るプレミアムコースを設定している。私は年齢的に無理のないコースで行けるプレミアムコースを利用していくことにしており、この裏銀座の百名山四座を登頂した。北アルプス最奥の裏銀座と言われるコースである。

五日〜太郎平小屋へ（太郎平小屋泊）
六日〜薬師岳登頂（太郎平小屋泊）
七日〜黒部五郎岳登頂（黒部五郎小舎泊）
八日〜鷲羽岳・三俣蓮華岳登頂（水晶小屋泊）
九日〜黒岳（水晶岳）・野口五郎岳登頂（烏帽子小屋泊）
一〇日〜烏帽子岳登頂・高瀬ダムへ下りる

※参加するに当たって六日間体がもつか心配はあった。三日～四日間の登山は経験があったので、それを基に行くと決めたら行かねばならない。やりきることだと決意する。

五日（太郎平小屋を目指す日）歩行四時間三〇分

朝五時三〇分に家を出て、富山空港九時四〇分着。バス一〇時一〇分発で折立登山口（一三五〇m）を一二時一五分から歩き始める。

太郎坂、五光岩ベンチを経て太郎平小屋へ。ゆっくりした歩みで一〇〇〇mも登った感じはない。ハイキングみたい。途中、雲が出てきたので雨の降らないうちにもう少し早く歩いて着きたい気持ちだったが、ガイドのペースは変わらず。途中で霧が濃くなりしっとりする。

やがて木道を経て緑の中に小屋の赤い屋根が見えた時はほっとする。水も飲める。部屋は二階の四人部屋へ四人の配置。ゆっくり休めそう。夕食も良い。

六日　薬師岳登頂歩行八キロ～五時間三〇分

薬師峠から薬師平へ着くと、愛知大学生遭難の碑があった。一九六三年一月、一三名の学生が、雪の尾根で方向を誤ったためとのこと。尊い若人の碑に手を合わせる（現場ではガイドより雪で帰れなかった道を教えられた）。薬師岳の登頂は手前の頂へザックを置き、山頂へ行くと雷がゴロゴロし始める。山頂は寒く雨具を着る。ここで思いがけず北海道利尻岳（六月二〇～二二日）へ一緒に登ったYさんの奥さんとすれ違い声をかけ合う。覚えてくれていたのだ。偶然に驚く。

下りはカールを下る。もうひとつ登れるくらい早く一三時前には太郎平小屋へ着いて昼食（カレー）を食べて休息する。夕食は五時三〇分、野菜の天麩羅をいただく。食べすぎの感あり。

七日　黒部五郎岳登頂　歩行一一キロ〜七時間三〇分

朝六時に出発して、北ノ俣岳—中俣乗越を経て最高点二八四〇ｍへ立つ。雪渓も残っているカールを下る。前方には昨晩同じ小屋で一緒だったグループがいる。下には水場があり、雪解け水で飲めるとのことでボトルを一杯にする。ボトルは冷たい水滴で白くなる。

ガイドのＫさんはゆったりとこの自然を楽しんでいるよう。山が本当に好きなのだと思う。浅間隠山へ行った時も浅間に向かいとても良い表情で自然の中に浸っていると思えた時があったが、その時と同じ雰囲気を感じた（私は後になってここが雲の平に近い所だったのだと知った）。しばし休息をして今夜泊る赤い屋根の黒部五郎小舎を目指す。雄大な緑の自然の中の赤い屋根は見えていても遠く、まだまだと言いながら歩く。私は、日本にもこんなに美しい所があるのかと感動する。緑の中の赤い屋根が一つ。カールの緑。小屋の近くの路の両側にはブルーベリーと山イチゴが実っていた。山イチゴは子どもの時に食べたことを思い出した。タケシマランの赤い実は少し毒があると教えてくれる。この日も黒部五郎小舎へ午後、早く着く。

太郎平小屋でいただいた昼食は粽《ちまき》二個の弁当でウーロン茶・お手拭きも入っていた。粽は女性には好評だったが、男性には量が足りなかったのではないかと思う。

※この途中で私は生まれて初めて雛を連れたライチョウに出会う。親鳥は少しでも高い所へと思

うのか丸い石の上に立ち首を伸ばし私たちの靴音にも敏感に気づき子を集めて誘導している様子に母鳥の威厳を感じた。そして足音静かにできるだけ離れて歩くことが大事だと思うのだった。

※薬師岳―黒部五郎岳―黒部五郎小舎は行程の華やかさからダイヤモンドコースと言うそうだ。行く前から知っていれば期待も倍加していたかもしれないと思う。

八日　鷲羽岳登頂　歩行七キロ～八時間

黒部五郎小舎を六時に発ち、鷲羽岳を目指す。山頂は石・岩で赤茶けた山だ。このあたりには赤牛岳もあり、大きく、赤い山だとの印象をもつ。ガイドから黒部川の源流の説明を受ける。この日は、ワリモ岳を経て水晶小屋へ泊る。ここで夕方私はブロッケン現象を初めて体験する。夕日を背にして虹の円の中に自分の影が映っているのだ。手を挙げると影の中の私も手を挙げている。

槍もよく見える。山の名前を聞くがよく分からない。勉強しないと。いや体験しないと、と思う。

※私は一九年の秋にまだ百名山を歩けると思い歩きだしたばかりなので、山の位置も北アルプスも南アルプスも何も分かっていない。山の説明をしてくださったガイドさんが呆れているよう

笠ヶ岳、五竜岳、大朝日岳、乗鞍岳、白馬岳、槍、三俣蓮華、黒部五郎岳、薬師岳、黒岳、鷲羽岳、鹿島槍ヶ岳、爺ヶ岳、針ノ木岳、野口五郎岳、黒部湖、剱岳、雄山等の説明を受けた。私は、地図で良く確認しようと思った。

に思え、申し訳ないと思った時もある。

水晶小屋はきれいで建てつけもしっかりしていたが二階が低く頭をぶつけそう。かがんで歩く。しかし窓の建てつけはよく布団は窓から屋根へ干している。気持良い布団だった。

九日　黒岳登頂　歩行一一キロ〜八時間

早朝、空身で黒岳二九八六に登る。花崗岩か白い道だった。水晶小屋二九〇〇mから東沢乗越を経て野口五郎岳二九二四mへ登る。この山も大きい山だ。めずらしい蝶がいたのでカメラにと思うがなかなかシャッターチャンスに恵まれない。蝶に遊ばれてしまったみたいなひと時だった。ここから北の方角にある野口五郎小屋でカレーの昼食をいただく。そして烏帽子小屋へ向かう。

この小屋は木造で建てつけが悪く、二階の歩く音・廊下を歩く音がミシミシ、ギシギシ聞こえ、寒く、私たちは乾燥室へ集まり木の椅子に腰かけ暖をとった。女性は一階で、私は良く眠れない夜を過ごす。

一〇日　早朝・烏帽子岳を空身で登頂し、その後高瀬ダムへ下りた　歩行七キロ〜六時間三〇分

最後の日。鏡に映る顔がだんだん自分でないみたいになっている。むくんで唇も乾燥している。それにしても良く体調がもったと思う。

烏帽子岳は厳しかった。一名ずつ岩場を登るのに時間がかかり、高瀬ダムへ下りる時間が限られてもいたので女性は三名しか登れなかったという。私は前の方を歩いており、登頂できて良かったと思った。ブルーベリーは烏帽子岳への途中の道にもあり良く実っていた。

九月になると小屋がすいてくる。どこも布団一枚に一人で寝られたのは良かった。

この六日間で約五〇キロ歩いたことになる。

この時の参加者は女性六名・男性二名だった。みんなで「沢山プレミアムができるといいね」と話しあった。この六日間雨にはほとんど降られず予定通り全部登頂でき、みんなについて歩けたのも幸いだった。

帰宅後一三日に左大腿部付け根が痛み出しどうなることかと思ったが一五～一六日と平ヶ岳へ行く予定にしている。

四六、平ヶ岳《ひらがたけ》

（二一四一m）新潟県・群馬県　九月一五日～一六日
（山頂に池塘・剱岳へ個人ガイドを依頼して登頂する友達と会うことになる）

一五日は新潟県魚沼市の奥只見湖から銀山平の温泉民宿伝之助小屋泊だった。浴衣もあり、食事は地元の山菜が多く美味しい。そして何より有難いのは民宿の方が私たちを車で送迎してくれるので最短距離で登れることだ。

雨はない。三時起床、四時出発、五時三〇分登山開始。玉子石も通れた。急登もあり道も悪かったが長く歩くより良いと思った。頂上は広く湿原になり、池塘が沢山あり、散策できた。山頂に池塘のある山は初めてだった。湿原は紅葉が始まっていた。山頂は狭い所の印象があったのでこのような広い山頂になっている山のあることをここで初めて知った。

私はこの山でKさんに会う。いろいろ話しているうちに私のよく知っている養護学校の経験のある方と知り、親しみを覚えた。そして話が剱岳の話になり、個人ガイドを依頼しないと行けない山なので、個人ガイドを依頼し、来年八月に行く計画を立てることになる。リスクの伴う山のため会社としては、六五歳までしかガイドをしない山の会社や、岩山で事前に訓練を積んでいくなどプラスアルファの必要な山だったので私には願ってもない話でKさんとの出会いは、感謝、感謝、の山になった。

更に、越後駒ヶ岳の登頂も、この同じ宿へ泊まり登ることが分かり先の見通しが立ち良かった。

四七、会津駒ヶ岳《あいづこまがたけ》（二一三三m）福島県　九月二〇日～二一日

この日は本来は鹿島槍ヶ岳へ行く予定にしていたが、「台風のため中止にする」旨会社から連絡が入り、急遽催行可能な山を探して会津駒ヶ岳へ行くことになった。

二〇日の宿は桧枝岐温泉の民宿だった。

二〇日の予定は宿へ着いた午後、翌日の足馴らしのために四〇分程で宿の近くの帝釈山へ登る

予定になっていたが、要項に「体調の悪い人は自由時間も可能」とあったので、私は裏銀座の五〇キロが利いており、無理をしないで宿の周囲を一人で散策し体を休めることにした。

宿の近くの道端にきれいな着物を着せた六地蔵があった。六地蔵は、この地方の昔の暮しで凶作の年に口減らしのために間引かれた子のいたことが説明書きで分かった。地形は山と山に挟まれており、田んぼになる土地もなく飢饉の時には食べ物がなかったのであろうと想像した。桧枝岐村には村の歌舞伎場が山の中にあり、見物席には疱瘡神社があった。怖い病気のためにこのような神社ができたのだろうと思い感慨深かった。

歌舞伎の見物席は山を背に円形に階段を作り見やすいように築かれていた。村祭りにはここへ村人が集うのだろうと想像した。ここは尾瀬沼に近く昔は、平家の落人が暮らしていたという記述もあった。現在、数十軒しかない小さな村に思えたが会津駒ヶ岳のおかげで民宿の表示がどの家にもあり、民宿経営の盛んな村に思えた。時々、尋ねた山里を散策するのもその地域を知る学びになると感じたひと時だった。

この宿の食事も山菜料理が沢山出た。岩魚、天婦羅、蕨と野菜の煮物、豚肉と玉ねぎキャベツの鍋、黄瓜の酢の物、蕎麦、混ぜご飯、白飯、味噌汁、と食べきるのが大変なくらいだった。真白いシーツは夏の山小屋に比べ雲泥の差の一泊だった。

台風が一九日夜に千葉県側から太平洋へ抜けたので台風一過の晴れと思っていたが登頂の二一日は登り始めて一時間ほどで雨が降り始め、下山まで雨だった。山は平ヶ岳より登りやすく、頂上に池塘のあるのも平ヶ岳に似ていた。草紅葉が黄色く色づき、その間にチングルマのしべ、イワショウブが赤く染まりかけ、コバイケイソウは黄色く枯れ、ナナカマドは赤い実をつけていた。ミヤマリンドウは枯れているのもあり、霜にあたったかと思えた。アキノキリンソウはきれいで全体に黄金色の湿原になっていた。中門岳まで行き下山した。

四八、仙丈ヶ岳《せんじょうがたけ》（三〇三三m）長野県・山梨県　九月二七日～二八日

（私の載っている新聞をいただく）

出会い。一年三ヶ月前の一九年（昨年）六月二〇日、北八ヶ岳・三ツ岳へ登った時のことである。この日、登山口で偶然にも信濃毎日新聞の団塊の世代に焦点を絞った取材があり、一緒に登ったAさん（当時六〇歳）が取材に応じた。

この時のAさんと仙丈ヶ岳への旅で偶然再会した。私を覚えていてくださり、取材の日の写真に私の載っている信濃毎日新聞が家へ送られてきたので、私へ下さるとのことで住所を知らせた。その後確かに私の載っている新聞を手にし、感慨深いものがあった。

世の中には良い人がいるものだと思う。

宿は甲斐駒ヶ岳で泊まった長衛荘なので小屋の様子が分かり良かった。

天気は良好、二八日は三時五〇分集合四時出発。暗いので六時頃までヘッドランプをつけて歩く。一五分ほどで大平山荘へ着き、ガイドが水場の説明をしようとすると「まだ、寝てるのだ。

しずかにしろ」と宿の人に注意を受ける。三時間後馬の背ヒュッテで朝食をとる。寒く、ヒュッテ入口へ入り風をよける。立山に登った時、同年齢で一緒だった男性はよく眠れなかったといって遅れ、辛そう。

八時四五分にログハウスの仙丈小屋で休憩した。外に椅子、テーブルが空いており、ザックを置くと「場所を考えろ！　荷物を置く所ではない！」と二階からオーナーに怒鳴られる。確かに座る所だと思う。一斉にザックを地面に下ろした。私は山のルールだと学んだ一幕だった。

見晴らしは良い。出発し頂上を目指すと途中の沢には氷柱が下がっていた。飲み水を口にすると美味しい。

カールは藪沢カール、大仙丈カール、小仙丈カールと三つあると云う。氷河時代のカールで位置は山梨と長野の県境である。品格、信仰の山、個性的で急登、見晴らしの良い南アルプスの女王だそうだ。九時に山頂に立つ。深山、幽谷の山。山頂でガイドから赤ワイン、添乗員さんの家は八百屋さんとのことで新鮮なきゅうりに味噌をつけていただく。美味しい！

展望が良く、富士、北岳、間ノ岳、塩見岳、甲斐駒ヶ岳を目の前にする。蓼科山、八ヶ岳も見える。

花はトリカブト、ウメバチソウ、リンドウ、山ブドウ、フジアザミ、マツムシソウなど。

小仙丈ヶ岳を経て藪沢分岐で昼食をとる。北沢峠一二時三〇分のバスで山を下りた。歩きやすい山でまた来てみたい山だと思った。

東北五山を一〇月二日～六日（五日間で）

四九、岩木山《いわきさん》（一六二五ｍ）青森県　一〇月二日

五〇、八甲田山《はっこうださん》（一五八五ｍ）青森県　一〇月三日（酸ケ湯温泉千人風呂）

五一、八幡平《はちまんたい》（一六一三ｍ）岩手県・秋田県　一〇月四日

五二、岩手山《いわてさん》（二〇三八ｍ）岩手県　一〇月五日

五三、早池峰山《はやちねさん》（一九一七ｍ）岩手県　一〇月六日（雨の蛇紋岩の山）

参加者は男九名、女七名にガイドと添乗員の一八名。

このうち静岡県のＵさんは裏銀座も一緒で年齢も同じくらいでこの五日間も一緒で縁がある。

二日の岩木山（津軽富士）は、青森空港からバスで八合目駐車場（一二五〇ｍ）からの登りで四〇分で鳳鳴避難小屋、三〇分で頂上だった。頂上は岩になっていた。昨日の雨で道は濡れていた。岩木山神社で御朱印をいただく。神社の末社として稲荷神社があり、藁葺き屋根で葺き替えてあり珍しいと思った。駐車場入り口にはアイス、五平餅を売っておりどちらも買って食べた。Ｆさんだけはトウモロコシを手にしていた。夕日に映えている展望地で写真タイム。青森の屋根は赤いトタンの屋根が多い。雪がすべるようになのか？　と思う。リンゴがたわわ。稲の干し方は立てた棒に掛けていくかけ方だ。茨城は鉄棒のように組み掛けるが気候・地域により違うのだと

思う。東北の秋は早い。ナナカマドの赤がきれいだし、紅葉の燃えるような赤で包まれている。岩木山は見るところで形が変わって見える、独立峰で裾野が長い。岩木山を自慢の地元の人は「富士山は岩木山に似ている」と言っているそうだ。

夜は八甲田山荘、料理は洋風の手作りでどの山荘のより美味しい。

三日の八甲田山はロープウエイの始発が九時のために八時四五分に宿を出てロープウエイで山頂公園駅へ歩き始めて一名いないことに気づき、別のグループと歩いていた男性を見つける。登山に来ている人が多かった。赤倉岳を過ぎ大岳避難小屋で昼食をとった。弁当は混ぜご飯に野菜の煮物が竹皮の弁当箱に入れてあり捨てるのがもったいないような竹皮で美味しい弁当だった。

荷物を置いて山頂に登った。三六〇度の視界。

ここで、「雪中行軍遭難者銅像が見え、説明を聞く。雪原で方向を見失ったのだと気の毒に思う。日本海も見える。ハイマツの中に紅葉が見え、東北の紅葉はきれいだ。下山は宿泊する酸ヶ湯温泉の方へ下りた。

途中の湿原一面が草紅葉で素晴らしい。休憩して紅葉を楽しんだ。宿は国民保養温泉で、酸ヶ湯温泉の千人風呂に「二〇〇名ぐらい入れるかな?」と言いながら温まった。

四日の八幡平は散策の様な日だった。「こんな登り方で登頂の印をもらっていいのかな?」という人もいた。茶臼岳登山口(一三六〇m)から歩き始め四〇分で茶臼岳、三〇分で黒谷地湿原、二〇分で源太森、四〇分で八幡沼と湿原・八幡平へ下りは見返峠まで歩いた。木道が多かった。夜は八幡平リゾートホテルへ泊まった。客は私たちの他に四名のみだった。食事はバイキングで椀子そば、ケーキ、アイスまであり種類の多いリッチな食事だった。

五日の岩手山は登りごたえがあった。

八幡平のホテルでサンドイッチの朝食と昼の弁当をいただき宿を五時発。焼走りキャンプ場（六六〇ｍ）から登り始め、はじめは樹林帯を行き、気持ちが良かった。信仰の山で、ブナ、ミズナラの林からツルハシ分かれを経て更にオオシラビソ、ハイマツなどの急斜面を登り、山頂へ着いた。火山で一部に噴煙が上がっており、噴火口は大きく山頂を周遊し、その途中には地蔵が何体も置いてあった。大きな山で標高差一四六八ｍ、一日八時間を要した。五山の中では一番大きな山だった。バスが止まった時、降りて夕焼けの中の岩手山をみんなで感慨深く何度も眺め、カメラにおさめた。

東北五山の五日目・一〇月六日である。最後の日、天気は雨。雨の日は人通りもなく寒い。この早池峰山は蛇紋岩で滑りやすく、濡れるとなお滑るというので、私にとっては最悪の山登りの日となった。

花巻温泉を八時に出る。朝食はバイキングで沢山食べる。弁当はいなり寿司と海苔巻きにあんパンが付いている。食べやすく有難い。

山は上へ行くに従い岩が大きくなり滑るので悲惨な日となる。登山する人も私たちの他には四名に会っただけだった。前日は雪だったとのことでガイドはピッケルを持って登ったと言われた。私は最後尾になりながら転ばないように必死で登り、そして下る。下りのほうが大きく濡れた滑る石を渡り歩くのでより怖い。この日ばかりは途中でみんなとの距離を縮めることはできなかった。

下山後の入浴は列車に遅れるので四五分と忙しくゆっくり温まっている時間はない。ぬれた物の始末もある。若い人の行動は早い。ともかくも東北五山の登頂は済ませることができた。

健康…この頃、体は疲れていたのだと思う。でもこの年は一一月まで予定を入れており、予定に向かって日々、過ごしていた。

紅葉の岩木山

五四、武尊山《ほたかやま》（二一五八ｍ）群馬県　一〇月一一日～一二日（霧氷の経験）

一一日は午後一時五〇分新宿発のバスで武尊花咲温泉ロッジ高山まで来た。この時刻での出発は初めてだったが、宿でゆっくり休めるので良かった。

一二日、天気は良いが、気温が下がり寒い。上州の空っ風というが、風が強い。

四時一五分起床、五時食事、五時三〇分発。幸いに宿の車でオリンピアスキー場専用林道終点の一六六〇ｍ地点まで送ってもらい歩き始める。唐松林を過ぎ剣ヶ峰を前にして防寒着着用の指示があり着ける。登り始めると、霧氷が飛ぶ。葉を落とした木の枝は霧氷がついて白い花が咲いたよう。それが強い風で吹き飛んでいく。初めて見る景色で、驚く。寒く、冷たい。これからが大変だった。家の串山、笹清水と岩場のアップダウンがあり、道が悪く泥道で歩きにくい。三つの小さい池を通って山頂へ一〇時着。白髪の男性が遅れたので、何とかついて登れた。

帰りは武尊牧場を目指したが、中ノ岳を過ぎて岩場、鎖場があり鎖にぶら下がって降りるのは怖かった。でも下らないと道はない。下ってやっと昼食。私は降りられたことにほっとし、味も何も感じられず昼の弁当を流しいれた感じだった。遅れた男性の到着を待ち五分後出発。

二人乗りのリフトに乗る。隣席の男性は志木市の山の会のリーダーだという。登山では腹筋・背筋が強められると話してくれた、私より四歳年上で、体はがっちりしていた。今日は下見に来たそうだが、「この山へは連れてこない」と言っていた。危険の多い山だからだと思った。

この人は鎖場では「こういう所で覚えるんだ」と使い方を教えてくれたり、難所の道のすれ違いで、下山の私たちが待っていると「難所の道の通り方は上り優先ではない」と登ってくる人に言ってくれたり、靴が泥だらけで牧場で落としたがこの人は女性の靴の泥を落としてあげている。自分のことだけで精いっぱいなのにこの男性はさすがリーダーだ。私には輝いてみえた。感謝、感謝の人である。険しい山だった。参加者・男性一〇名、女性一二名だった。一五時二〇分に下山し花咲温泉で入浴し、帰途に就いた。

健康…下山後、右膝が痛む。効くというバンテリンを擦り込む。健康第一である。一山のみの登山だったからか回復は早かった。

登頂が急で険しい時、呼吸が激しく次の一歩が高い岩でこれでもか、これでもかと続く時程、険しければ険しいほど、何時も私は戦死した父を思った。比島《フィリピン》で死んだ父ほど私はまだ苦しんでないと、死んだ父はもっともっと苦しかったであろうと、だから私はまだ頑張れるのだと、何時も戦死した父を思った。その意味では父に背中を押されていたのかもしれない。

何時も不思議に父を思い出しながら登っていたのだった。

五五、苗場山《なえばさん》（二一四五ｍ）新潟県・長野県　一〇月一七日～一九日

五六、巻機山《まきはたやま》（一九六七ｍ）新潟県・群馬県（帰宅後熱を出す・暮に左腕骨折）

一七日は当日の夕食と翌朝の弁当持参で一七時五〇分、新宿集合だった。二一時過ぎに湯沢健康ランドに着いたので五～六時間の仮眠は取れた。車中泊よりずっと良い。

一八日は快晴。宿を五時三〇分の出発で祓川コースの和田小屋（一一七〇ｍ）の草原を六時三〇分から歩き始める。下ノ芝、中ノ芝、上ノ芝、股すり岩を超えると神楽ヶ峰、ここをぐっと下りると雷清水がある。ガイドは山小屋へ届けるため、ペットボトル二ℓに一杯にする。ここまで来ると山頂が平らに見える苗場山が眼の前にそびえている。登山道は山頂までゴロゴロ石が多く登りにくい山だった。一旦、山の峰へ出て下り、また昇り返すという山だった。霊尾坂の急斜面を登り返すと山頂（一〇時四五分）である。山頂に山小屋（有仙閣）があり、その後ろに苗場山の標柱が立っていた。ちょうどヘリコプターが工事用の資材を運んできた。これから下りるというが枯葉が舞い上がりすごい風を起こすのを見た。山頂には苗場山自然体験交流センター・ヒュッテがあった。草紅葉になっており、千にも及ぶという池塘があった。山頂湿原の景色の良いところまで歩いた。ずっといたい気持ちの山を一一時一五分に後にした。十八日夜は宿のサービスで日本酒・八海山をいただき、駅の温泉に入れた。

一九日は三時三〇分起床、四時三〇分食事（味噌汁、ご飯、塩鮭など民宿の人が家族で対応し

てくれる）、有難い。一〇分で桜坂登山口へ着きヘッドランプをつけて歩き始めるが暗い。標識は三、四、五合目、と付いているが五勺まで付いているのは珍しい。八合目を過ぎるとニセ巻機山。ここを巻機山と間違える人もいるそうだ。茅葺屋根を連想させる御機屋の別称があるそうだ。山頂は、一旦巻機山避難小屋まで下る。ここから木の階段になっている笹の斜面を登る。山頂の稜線に達するとベンチの置かれた広場になっている。山頂の表示はさらに一〇分程笹の小道を奥へ行き小石の積んである最高部まで行き、景色を見て引き返す。至仏、燧ヶ岳、会津駒、武尊、苗場山などが見えた。登り始めは細い橅林で白の交る幹と紅葉した黄色の葉に漆の真っ赤な葉が混じり美しかった。

途中の山は紅葉しており、山全体が俳句の季語にある正に「山装う」だった。途中で手編みの帽子をかぶった母と二人の子にあったが、私たちの列が過ぎるのを待っていてくれた。日曜日で天気も良く、登山者が多くすれ違うことも多かった。避難小屋で昼食をとり、下山した。この山頂の表示板を持って写真を撮る時、表示板が前歯に当たり、前歯を欠いてしまった。この時の私の体は相当疲れていたのだと思う。

健康…　計画はさらに五山あったが、巻機山下山後私は熱が出て下がらず、疲労だと思い四国等の残り五山はキャンセルした。ここまで登れたので十分満足だった。

そしてこの年の一二月二二日夜、年末で電球を取り替えようとして天袋へ入れてあった箱から電球を取ろうとして私は、不注意で乗った回転椅子から落ちて左上腕を骨折してしまった。登山どころではなく、暫く固定して動かさなかった腕は、この腕が自分の腕かと思うほど痩せて皺がより、上げることのできない左腕になっていた。二一年は百名山どころではなく、通院・リハビリに明け暮れることになった。山のことは考えることのできないほど最悪の年末年始を迎えることになってしまった。

二一年三月九日からは探鳥会でケニアに行くことになっていたので、会長へ骨折の連絡をとった。結果は医師に相談しリハビリをしながらケニアへ行けたのだった。

キリンやシマウマが自然の中に居ることも、カバの親子が川で泳いでいるのも、そして圧巻だったのはフラミンゴが大小の列になって何千羽と居る光景も見ることができた。

さて二一年の登山はどうなるであろうか。この時の私はほぼ諦めていたのだった。

平成二二年八月のこと

思いがけず電話があった。「髙橋さん、光岳へ行こうよ」である。一瞬戸惑った。「えっ、光?」光と聞くと「七〇歳になり、光岳があるので百名山はやらない」という程大変な山であるという先輩の話を思い出していた。そして、「私は昨年の暮に骨折してどこの山にも登っていない」と話をすると、「女性三人でゆっくり登るから大丈夫だよ」と言ってくれた。剱岳登頂の約束をした友達である。

骨折から、いきなり南アルプスの奥深い山である。一〇ヶ月のブランクがあり心配はあったが、この誘いに私は行く決心をして、にわかに高尾山へ登り練習をして備えた。

五七、光岳《てかりだけ》（二五九二m）静岡県・長野県　二一年八月一六日～一八日（腰が抜けた）

いよいよその日が来て、立ててもらった計画にのるだけの私だった。一六日は新幹線で豊橋から飯田線に乗り継いで平岡へ行き、予約してあった登山口に近い民宿泊で登山は一七日である。一七日の予定は登山口の易老渡（八八〇m）までタクシーで行き、五時過ぎに歩き始める。標高差一六〇〇mを約七時間半で登り、一四時までに光《てかり》小屋へ入らないと夕食の用意をしてもらえないという縛りがあった。初めての道を地図で確認しながら三人で歩いた。道はそれほど急な険しさはなかったが奥の深い山である。大分歩いて今度は河原を登っていると、トリカブトの紫が風に揺れているのが目に入るようになった。そして小屋に近づいたらしく清水が湧いている所へ着いた。先着の男性が裸になって体を拭いている。冷たい水を口にし、小屋が近いと思い元気が出て一四時前に光小屋へ着くことができた。同時に登っていた一組の老夫婦も一四時に間に合って着くことができた。夕食の申し込みとシュラフを借りる手続きをして、光岳《てかり》の山頂を目指した。光小屋から往復一時間程の光岳は「これが山頂?」と思える、丘のような頂に新しい標識が立っていた。山頂の木の天辺では星鴉がしわがれた声で鳴いていた。

光岳の先に白い大きい岩山があった。名前の由来はこの岩にあるかと思え、その行き止まりになっている大きな白い岩山・光石《てかり》へ登って記念写真を撮り、光岳の登頂を済ませることができた。

一八日は、登ってきた道をずっと下りである。八時間の下りはきつい。途中、聖岳への道があった。セットで聖岳への登頂も考えられると思いながら歩いた。下りの苦手な私は二人から遅れて歩いていた。もうじき登山口の易老渡が近くなった頃、何か腰がおかしい。力が入らない。今までに経験したことのない力の抜けた腰にへたへたとそばの石へ座り込んでしまった。私の後から来た人が教えてくれたらしく、先に行った友達が迎えに来て荷物を持ってくれた。私も一〇分程休んだらなんともなく歩けた。腰の抜けた忘れられない思い出である。帰宅後、筋肉痛がひどかった。高尾山の練習くらいでは追いつかないとしみじみ思った。大きな山塊だった。

五八、穂高岳《ほたかだけ》（奥穂高岳）（三一九〇ｍ）長野県・岐阜県　九月一日～四日（滑って打ち身）

行く前に山の旅行会社へ電話して私でも登れるか、危険はないかを聞いて備えた。ゆったりコースで普通より一日多い日程である。高齢の私はできるだけ無理のないゆったりのコースを特に大きい危険な山ではとったし、会社ではゆったりコースを用意してくれている。

一日は上高地の横尾山荘泊である。殆ど平地の梓川沿いで、明神池、徳沢までは探鳥会で歩いていたので不安はなかった。ここへは下山の三日目にも泊まることになっている。石鹸・シャンプーは駄目だが、風呂にも入れる。二段ベットでカーテンで仕切られ個々のスペースが確保されている。今年五月～七月に改築されたばかりのきれいな山荘で有難い。

二日は穂高岳山荘へ行き荷物を置いて山荘の近くの涸沢岳（三一一〇ｍ）へ足馴らしに登頂して穂高岳山荘泊の予定である。

山荘を出て本谷橋を過ぎ、涸沢小屋で休息をとる。ガイドはこの涸沢小屋のオーナーを四〇年していた方で、猟師でクマは一五～六頭撃ったという。安心してついていけるガイドだった。いよいよザイテングラートへ来た。ガイドからここからは三点確保で歩を進めるよう指示が出る。いわゆる岩稜の急登である。両サイドはきれている。穂高岳山荘入口まで続いている長い階段を私は、殆ど四つ這いで上った。登りきるとそこが穂高岳山荘だった。不要の荷物を置き、空身で涸沢岳へ登った。下るときに私は滑って何と尾骶骨と右の背中を打ってしまった。「やってしまった！」と思ったが、何とか歩けた。

幸い腫れもなく、湿布薬を貼って過ごす。ガイドに「明日の登頂は無理だね」と言われる。もちろん私は強く否定した。頂上を目の前にして登らないなんて考えられない。

三日、打ち身はひどくならなかった。軽いザックを一二〇〇円で買って背中に当たらないようにした。鎖と鉄梯子の所へはガイドが付いて足の置き場を教えてくれていた。ともかく登れた。山頂はガスがかかっていたが常念岳が見えた。ガスは一瞬とれるのだがすぐかかってしまう。無事に山荘へ下り、一休みして山荘を出発する時には雨が降ってきた。合羽を暑いから脱ぐと降り、着けると止む、の繰り返しの天気だった。

涸沢小屋までの間を一匹の猿が私たちより少しだけ離れて下っていた。人と同じだと思えた。ガイドは鳥について首がオレンジはウソ、チョリチョチョの鳴き方はメボソムシクイ、小さいのはヒガラ、と教えてくれる。梓川ではアカゲラに会う。樹木はシラビソ、木肌が白っぽく葉は平たくモミのようなコメツガは丈夫な材質、その他モミジカラマツなど詳しい。

花はホタルブクロ、山アジサイ、タカネスイバ、チングルマ、咲きおわったのもあった。ゴゼンタチバナは赤い実から黒い実になるという。トウヤクリンドウ、シロハナノヘビイチゴ、ヤマハハコ、アキノキリンソウ、オトギリソウ、イワギキョウ、アオノツガザクラ（黄色）、ウドは食べられる、などと教えていただいた。

家に早く着いたので整形へ行き打ち身のレントゲンをとったが打撲のみの診断で湿布薬をいただく。先生に「髙橋さんは鉄人だね」とからかわれる。

五九、常念岳《じょうねんだけ》（二八五七m）長野県　九月一一日～一三日（強風で転ぶ）

天気予報は三日とも良かったのに風雨のひどい旅だった。一一日は晴れており、豊科から入り一ノ沢林道（一二〇〇m）から常念小屋（二四六六m）まではきついと聞いていたがその通りだった。でも私には「光へ行けたから」と光岳登頂が自信になっていた。常念乗越へ午後着いた時はほっとした。常念岳が大きくそびえていた。「登ってしまおう」と言う人もいたが、ガイドはみんなが疲れているからと予定通りになった。

一二日は一変して朝から雨。常念岳山頂は岩山になっていた。ここまでは風の中でも写真が撮れた。このあと蝶槍へ登り、一旦下って蝶ヶ岳・長塀の頭（二六六七mが岳の最高点）を往復して宿泊する蝶ヶ岳ヒュッテを目指した。陰のない山で風が強く息をつけないので苦しい。この経験は初めてだった。

朝から蝶ヶ岳ヒュッテまでの間は強風と雨にあおられての登山だった。休息五分も立ち休み。昼食も風の静かなところで流し込むようにご飯を入れ、足がつらないように、アミノバイタルを口から水で流し込んだ。二つのおむすびをザックの下の方に入れてあり、探すのに手間取り、自分の不甲斐無さを悔やんだ。すぐ出せないと短い休息時間では食べる時間が無くなる。

長塀の頭では陰が無く二〇～二五mの風と雨は頬に痛い。風に飛ばされて私が転んだ。私の後ろの女性も転んだ。どうなるかと思ったら蝶ヶ岳ヒュッテの赤い屋根が目の前に現れた。「これか」と思いとにかくそこへ行こうとするが飛ばされそうで、ガイドがしっかり掴んでいてくれて大丈夫と思うところで放してくれた。入口へ走った。入口へ着いた時私は胸が熱くなった。しかし泣いてはいられない。合羽を外し靴の中まで濡れ、濡れた物を乾かすのに時間がかかった。

テレビでは奥穂へ救助のヘリが墜落し三名の救助員の命が奪われたとのこと。ショックを隠せない。

一九時には女性が救助を求めてきた。三名が動けないという。ガイドさんたちは救助に向かい三名を救出した。窓の外はヒューヒューという風雨ともに強くなった。明日は止むという予報である。ザックに荷物を詰めいつでも出られるようにして寝る。

一三日朝は雨はないが強風。強風で息が吸えず苦しい。こんな経験をしたことはない。いけるか不安で付いていくと長塀山（二五六五m）、本日の最高点へ着いて救われた。もう登りはない。これからは樹林になると言われる。低いハイマツの樹林に二羽の若いライチョウがいた。ガイドが「道案内をしてくれている」と冗談を言った。長塀山を過ぎるとコマドリが水浴びをしていた。

長塀尾根を経てひたすら下りながら徳沢へ向かった。

山の怖さを知らされた山だった。添乗員が「金を払っても経験できない気候だった。登山上級に値する」といった。このコースは表銀座と言われ天気が良いと、素晴らしいコースなのでもう一度来ると良いよと言われたが、ともかく無事に帰れることを願った。

六〇、八ヶ岳《やつがたけ》（赤岳）（二八九九m）・阿弥陀岳（二八〇五m）長野県・山梨県

九月一八日〜一九日

八ヶ岳の主峰が赤岳（二八九九m）で一八日は美濃戸口（一五〇〇m）から美濃戸山荘で昼食をとり、行者小屋（二三五〇m）泊で宿には一四時過ぎに着き、みんなが話している時間、私は一五時頃から一七時三〇分頃まで疲れて昼寝をする。少しでも休息がとれて良かった。一六時頃夕焼けの時、赤岳が夕日で染まっているという声で飛び出した。阿弥陀岳の影が赤岳にかかっていた。夕日で紅い赤岳を一瞬だが見られて良かった。カメラは間に合わなかった。

夕食は一八時、ご飯に里芋、鶏肉、大根、人参のスープ、カツにキャベツ、ポテトサラダ、キウイ、グレープフルーツなど。トイレもきれいで部屋も広く有難い。

一九日は六時三〇分発。こんなにゆっくりの出発は珍しい。まず、阿弥陀岳へ登る。山頂では南アルプス、御嶽、中央アルプス、北アルプス、蓼科山と全部見える。快晴で素晴らしい眺めだった。そして中岳を越えて赤岳へ登る。上に行くにしたがい石の山になり、頂上小屋も見える。鎖と梯子が多くなり赤岳山頂に至る。赤岳展望荘が集合場所で休息する。下りは、地蔵尾根を下り、行者小屋で親子丼の昼食をいただく。地蔵尾根の下りが結構厳しかった。美濃戸山荘で牛乳を飲んでいるとガイドから、来た道だから自由下山と言われ自由に下山する。行動食もなくなり、せんべいを補給したが、おなかが減って仕方のない旅だった。

六一、燧ヶ岳《ひうちがたけ》（二三五六m）福島県　一〇月二日～三日（三日は十五夜）

六二、至仏山《しぶつさん》（二二二八m）群馬県　一〇月四日

二日は雨、バスは西那須野塩原ＩＣからシャトルバスで沼山峠へ、大江湿原を経て宿泊先の長蔵小屋まで一時間の歩行だった。草花を見たり、教えあったりして、「雨もまた楽し」の道だった。部屋には炬燵があり、六人で使う。休憩室はストーブが焚いてなく寒かった。

三日も雨、燧ヶ岳登頂の日。尾瀬沼東岸を七時発、浅湖湿原、長英新道を足元に注意しながら登る。上の方は岩が多く木の根がえぐられていて登りにくいところが何ヶ所もあった。燧ヶ岳は厳しいと聞いていたが頷けた。急登するとミノブチ岳、さらに登ると俎嵓、更に岩場を登ると、最高所の紫安嵓に着く。雨なので昼食も立って食べる状態で何も見えない。写真のみ撮って下る。

下りは見晴新道を尾瀬小屋へ下る。橅林に入ると木道になる。雨でぬれているので滑りやすく注意が必要だった。午後を過ぎると雨もやみ、日が射し始める。紅葉が陽に映えて一段と美しさを増してくる。太陽の力の大きさを話しながら歩く。今夜は十五夜だ。月が楽しみだし、四日の天気の間違いないのも嬉しい。

尾瀬小屋の周囲には何軒も山荘があった。身につけていたものを脱いで泥を落として、干す。ナナカマドの赤がきれいだ。みんな明るい。今夜は十五夜で明日は晴れだから。外のテーブルで乾杯が始まる。月は素晴らしい。桧枝岐小屋の背の高い松の木の間をぬけて、雨上がりの上空へ

昇った。正に満月。添乗員さんから老舗和菓子店の兎饅頭の差し入れがあった。

四日は至仏山登頂の日である。下田代十字路を二食の弁当を持って六時発で、尾瀬ヶ原から山の鼻を経て歩き出す。秋の朝の尾瀬ヶ原は一面草紅葉である。ヒツジグサの紅葉、遠方の白樺の紅葉は幹の白さが映えている。池塘にはカモがいる。

さて、登山口と同時に急登である。階段が多い。植生保護のために登りは一方通行ですれ違うことはない。岩は蛇紋岩で滑りやすく階段が無かったら大変である。至仏山は難しくないと聞いていたが登りごたえのある山だった。下山時にシラビソ等太い木の幹にこの線まで雪が積もったという赤いペンキの印が目に入る。七~八mはあったと思える。雪深い所なのだと思えた。この山で九重山・祖母山・北岳・間ノ岳で一緒だったFさんと一緒になる。奇遇だ。昼食を山頂で一緒にとり、小至仏を経て鳩待峠へ向かった。花はあまりなかったがツリバナがきれいだった。

尾瀬小屋の窓開け放ち今日の月
けふの月肩寄せあひて小屋の窓
満月や乾杯の声いく度も
名月や人増えし毎乾杯す
けふの月明日のぼりたる至仏山
積雪のペンキの記し幹太し
(俳句ではなく思いつくまま記録した)

六三、皇海山《すかいさん》（二一四四ｍ）栃木県・群馬県　一〇月一一日～一二日

皇海山は栃木県と群馬県の両県にまたがっている。近県の場合夕食後新宿を出て、宿へ二三時過ぎに着いて仮眠し、翌朝早く出るというパターンで計画する会社が多い。皇海山もその一つである。車中泊より寝具に足を伸ばし良く休めて良い。

この日は二〇時一五分に新宿を出て、吹割り温泉の旅館泊だった。

一二日は皇海橋を五時発で不動沢登山道から入り、道が険しいが不動沢もコルを経て九時二五分に登頂する。往路を下山である。ガイドさんがこのような山でも「皇海山へ行く」といって山へ入り帰ってこない人がいるので、注意が必要である、と話してくださった。下山後は宿泊した宿で入浴して帰路に着いた。

六四、雲取山《くもとりやま》（二〇一七ｍ）東京都・埼玉県　一〇月二〇～二一日

御祭（五七〇ｍ）から丹波方面へ後山林道を後山川に沿って歩く。広葉樹の自然林を途中塩沢橋で昼食をとり青岩谷橋を渡り、三条ノ湯（一一〇〇ｍ）まで約三時間、標高差五三〇ｍ歩いた。沢音が絶えず、水が豊富で落ち葉を敷き詰めた道で気持ちが良い。林道終点から山道へ入ったが、

木にはチドリキ等の木札が掛けてあり整備されていた。

さらに三〇分程登ると三条ノ湯が見えた。情緒たっぷりの山荘。一五時頃に着いた。湯は冷泉だそうで、薪で沸かしている。煙突からもくもく出る煙が紅葉した木々を抜け、空へ吸われていく。部屋の前には一位の赤い実と山帽子の赤い大きい実がなんとも言えない美しさだ。

大勢だと竈でご飯を炊くと言って薪でご飯を炊いてくれ、真っ赤な火が夕闇の中でなんとも温かい。二〇日～二三日までは流れ星が見える期間だったので空を見る。二一時頃は満天の星できれいだったが流れ星には会わなかった。

二一日四時頃には星は明るさの中にきえていた。六時一〇分発。水無尾根を登る。三条ダルミで富士が見える。遠くに北岳、間ノ岳、甲斐駒まで見えた。快晴で紅葉が陽に映えてきれいだし、落ち葉の道も気持ち良い。頂上には山梨、埼玉、東京のそれぞれの標識が立っていた。

皇太子殿下が来られたそうでトイレ、避難小屋があり、熊笹を刈っている人も数人おり、整備された歩きやすい山だった。小雲取山、奥多摩小屋を経て七ツ石山で富士を見ながら昼食をとった。花はなかった。鴨沢までの道は距離があり、歩き疲れの感があった。

健康…帰宅後、右の足の平に疲れを感じたが二、三日後には消えた。

六五、石鎚山《いしづちさん》（一九八二m）愛媛県　一〇月三〇日～三一日
六六、剣山《つるぎさん》（一九五五m）徳島県　一一月一日
六七、大山《だいせん》（一七二九m）鳥取県　一一月二日　で三山に登頂。

三〇日はガイドのK・Yさんに松山空港で迎えられ、土小屋までの三時間を車窓から紅葉を堪能し石鎚山へ登る宿舎へ着いた。

三一日は五時三〇分にヘッドランプをつけて石鎚山へ登り始める。総勢二六名である。一時間弱で日の出が見られ、二の鎖小屋から見る鎖の太さは見たことがない太さでおどろく。八時一五分には弥山（一九七四m）へ着く。天狗岳へは上らないと添乗員に言われていたが早朝で他の人も居ず、快晴で登りたい声があり希望者は二二名だった。私も希望した。ガイドは三点確保で登ります、と指示した。絶壁になっている所を登るのだ。頂きは人が二人ぐらいしかいられないスペースで写真を撮り順次弥山へ戻った。登山者が多いとすれ違いや待っているなどで時間がとられるとのことだった。弥山に降りると天狗岳へ行く人の列ができていた。私達はタイミングよく待たずに登れて良かった。

下山は石鎚山ロープウエイで山麓下谷へ下り、バスで翌日登る徳島県の剣山山麓の奥祖谷にある宿へ移動した。

一一月一日の剣山は見ノ越から西島駅、大剣神社、山頂だった。難しい所はなく、登りやすい山だった。

頂は広くしめ縄があり、木道が敷いてあった。大剣神社の御神石と呼ばれる岩峰は大きくすごいと思う。この岩峰が剣の形に似ていることから剣山と命名されたとの説もあるそうだ。触ってくる。途中、平家の馬場という草原がある。鷹をとって献上したのだという。花はなかったが、シコクフウロ、タカネオトギリ・ナンゴククガイソウ、イブキトラノオが咲くのだという。なだらかな登りやすい山だった。刀掛の松があり、バスは翌日しまなみ海道を経て中国地方に渡り、鳥取県大山町の宿に向かった。

二日の大山は雨で、大山寺へ参り、阿弥陀堂、六合目避難小屋へ寄る。山頂近くなると木道で雹に変わり頬はピシピシ打たれ痛いが、足元は滑るしロープにつかまると凍っていて悴む。山頂は何も見えず写真を一枚撮り下山する。雨はひどい。元谷、大神山神社、大山山道と下った。大山はガレ沢があり、これが大山の姿だという。日本海も何も見えず残念だった。

六八、瑞牆山《みずがきやま》（二二三〇m）山梨県　一一月八日

瑞牆山自然公園から歩き始める。不動滝コースで以前は歩けなかったが地元の人が整備し、鎖

や丸太をかけた所が何ヶ所もあり、渡れるようになった。「このコースは沢登りの一端を味わえる」とガイドの説明があった。「枝をくぐる」とガイドの声がして枝が顔の前に来る。道が崩れていてどう登ったらよいか迷う。丸太橋が古く橋を避けて通る。渡渉もあるなど結構厳しい道だった。雨でなくて良かった。

途中、氷柱が岩から下がっていたり、とけない雪が残っていたり、霜柱の踏まれた跡がある等北面は日が射さず鬱蒼としている道だった。大きな岩に氷が張り付いており、越えるには金網につかまって一人ずつ慎重に越えなければならない所もあった。不動滝に一一時二五分に着き昼食をとる。

気温は高かったが汗も夏のようにはかかない。南面からのぼってくるコースの合流点があり、そこから山頂を目指し、一三時四〇分に山頂に着く。富士、南アルプス、甲斐駒、仙丈、浅間、槍ヶ岳など北アルプスも薄く見える。岩の真ん中は立っていられるが、南端の下は切り立つ絶壁になっているので、腹這いになって見る。危険な山頂だ。一四時五分に下山開始で南面の瑞牆山荘の方へ下りる。

登りの険しさと違い、下って振り返ると紅葉した落葉松の間から見える瑞牆山はヨーロッパの写真のように美しい。良い山だ。何度も振り返って景色を心にやきつけた。

下山の途中の道は岩、倒木、小枝、落葉など滑って大変ではあった。大事に至らなかったが左の足が滑り転んだ。登りにも濡れた丸太で膝頭を打った。転ばないようにと何度も自覚する。一六時三〇分頃下山できたが、一一月は日が短くなり薄暗くなってくる。下山した落ち葉で敷き詰められた小道はなんて美しいのだろうと思う。

百名山としては二一年最後の山になる。

思えば、昨年暮れに骨折した左上腕が痩せ細り、五センチ上げるのも大変だった日々、リハビリに明け暮れていた中で山のことはほぼ諦めていた。当時することはリハビリしかなかった。

しかし、南アルプスの最奥の光岳への登頂が私に自信を与えてくれた。左手が駄目でも、赤岳ではとっさに右手で木を掴んだ時、「右手があるじゃないか。手が駄目でも足がある。登れる」と大きい自信に繋げてくれた。そして、苦しい時は「光へ登れたから」と自分への励ましになった。あの時誘ってくれた友達には心から感謝している。苦境の時のチャンスと決断でその後の道は大きく変わると思えた二一年だった。八月中旬過ぎから一二山登ったことになる。

私にとって忘れられない二一年である。

更に、二二年頃から右側の腰が痛くなり、整形外科へ通った。電気を当ててるだけだが良くなればと思って登山の時期は医者へ、山へ登ってることは言わないで、登り終わると通院するという様にして二三年三月まで通ったが一向に良くならず通院を止めた。登山で足に力を入れると気持ちよく、通院より登山の方が良いと自分流に思ったりしたこともあった。

平成二二年（剱岳登頂の年）

六九、丹沢山《たんざわさん》（一六七三m）丹沢最高峰・蛭ヶ岳《ひるがたけ》縦走　神奈川県

二二年五月二日～三日

二二年は蛭ヶ岳から始まる。この山は蛭がいると聞いていたが、この時期にはまだいなかった。大井松田ICから富士見橋一二時〇〇発、一ノ塔で昼食一二時三〇～四〇分まで。二ノ塔、三ノ塔、鳥尾山、太田茶屋一五時四〇分、ずいぶん登ってきたと思った茶屋には鯉幟が立っておりほっとした。塔の岳はもう少しだ。アップダウンを繰り返し四つの山を登った。桜草が芝の中に見える。ここまで登って鹿三頭にあった。目がきれいだった。一六時三〇分に塔の岳の尊仏山荘に着いた。宿は一月・五月はいつも満員でこの日は布団八枚に一五名で寝る。夏山と同じだ。

夕食は順番で一九時三〇分、カレーと切干の煮物。トイレの手洗いの水はない。歯磨きの水も自分で買わないと一

塔の岳を前にして会った鹿の目は澄んでいた

滴もない。水五〇〇CC・四〇〇円。夕日と星空がきれいだった。夜は寒い。

三日、起床後、富士山と日の出を写真に収める。朝食はご飯におでんとお新香。五時三〇分出発。丹沢山（一五六七m）棚沢の頭を経て丹沢山系最高峰の蛭ヶ岳へは一〇時三〇分に着く。弁当を食べ水を五〇〇CC・五〇〇円で買う。暑いのでのどが渇く。キクザキイチゲが白、ピンク、紫等で楽しませてくれる。鹿の防護がネットでされていたが効果ははっきりしていた。帰路で休息したとき一名がザックを転がしてしまい見えなくなり、ガイドが拾いに下山した。荷物は山側に置くのが鉄則だ。迷惑をかけないようにしようと肝に銘じた。ガイドの来るのを待っているとヒトリシズカの花が倒木の所に咲いていていてみんなで花を眺めて待った。

七〇、両神山《りょうかみさん》（一七二三m）埼玉県　五月一五日

両神山は以前、山小屋へ泊り登っていた山だったが、小屋が閉鎖され日帰りで登らなければならなくなった山である。白井差登山口（八八〇m）はYさん個人の所有地で、一人一〇〇〇円払い、Yさんの私道を通って登らせてもらうコースである。歩きやすく整備されているので急登と言われても感じずに歩いてしまう。Yさんも一緒に登っている。毎日登っているそうだ。不思議な人だ。雲の如く風の如く地下足袋で走り、歩く。聞くところによると、人命救助をし、死体を運んだ経験があるそうだ。ストックに頼りすぎると事故につながる話をしてくださった。山頂へ

近づくとザックを一ヶ所に纏めて置いて、鎖を伝って山頂へ上った。岩場が山頂である。狭いので写真を撮って順にすぐ下りた。山頂の岩の間にはアカヤシオが咲き始めていた。途中の花はラショウモンカズラ、クワガタソウ、ムラサキケマン、ニリンソウ、マムシソウ、テンナンショウ、ヒイラギソウ、エンレイソウ、樹木はウツギ、イタヤカエデの林、ブナ林、カマツカは背負い子を作る木と説明を聞く。

下りの昇竜の滝は穏やかだった。この河原沿いに何か走るものがいる。素早い。目の前に来てくれた。何か口に咥えている。人が大勢いるので驚いたのか、穴に入ったり、出たりする。すると咥えてたものを落としたのか咥えてない。オコジョだそうだ。なんと素早いことか。

上の方は木の葉の新芽も固く、一枚一枚が折りたたんだ葉を開き始めている。折り目正しいと感じた。

七一、高妻山《たかつまやま》（二三五三m）戸隠連峰最高峰　新潟県・長野県　六月一九日～二〇日

東京を昼の新幹線で長野へ。戸隠では、集合場所と時刻を指示され個々で歩くことになった。戸隠奥社の随神門は藁葺きで落ち着き、周囲とマッチしていた。杉並木が素晴らしい。最後の階段をくぐると奥社である。一時間三〇分で森林植物園へ帰らなければならず、途中雨の降る中を数人で初めての道を右へ左へと必死で歩いて間に合わせた。宿は飯綱高原だった。

二〇日は三時四五分発、戸隠牧場を四時三〇分に歩き始め、鎖場、一不動、五地蔵山に八時一五分、八丁ダルミを経て山頂一〇時五五分。岩の上で昼食。一一時二〇分山頂発。シラネアオイ、イワカガミが道端に。ツバメオモト、チゴユリ、アツモリソウ、ホウチャクソウ、オオカメノキ、下山中、ギンリョウソウ、アカモノ、ショウジョウバカマ、ムラサキヤシオツツジ、ゴゼンタチバナ、マイズルソウ。植物園ではエンレイソウ、クリンソウ等花が多かった。下りは新道で鎖場を通らなかったが下りのみできつく、登りは山頂近くからずっときつかった。一二時間歩いたことになるが最後は歩くのが嫌になるほどだった。一名が登りで足がつり、下りは倒れて、ガイドの後ろを歩いたので、全体の歩く速度がゆっくりになり、私には良かった。息切れはなかった。別の旅行会社の案内には靴マーク五（難易度・高い）で五地蔵山で体力的に無理な人はここで引き返すとあった。かなりきつい山であったと思う。

帰宅後左腰が痛み、湿布。医師に叱られる。五日間で治り、体も足も自分の体になってきた。体に無理があると思い予約していた山をキャンセルし、火打、妙高、白山、荒島、大朝日の代わりに東、西吾妻山を申し込んだ。

七二、吾妻山《あづまさん》（西吾妻山）（二〇三五ｍ）・東吾妻山（一九七四ｍ）山形県・福島県

七月一〇日～一一日

一〇日の東吾妻山は今後のために、連日登れるか登ってみた。百名山ではないのでバスで休んでいる人もいた。登ってみると意外に厳しい山だった。姥ヶ原を目指したが、ガレていて頂上は曇っていて何も見えない。吹きさらしの原っぱになっていた。写真を撮りすぐ下山する。鎌沼で休憩したが水はきれいだった。コバイケイソウが咲いていた。レストハウスへ帰ったが駐車場からは吾妻小富士へ登る人が見える一方、浄土平から右手に噴火口が音を立てて白い煙を上げている。一切経山だ。

一一日の百名山に入っている西吾妻山は白布湯元からロープウエイ、リフトを乗り継いで北望台（一八〇〇ｍ）大凹へ。花が多い。梵天岩へはガスがあり足場が悪く、見えないので行かず、いろは沼、山頂を目指したが山頂は林の中だった。

樹木はイヌツガ、コメツガ、ダケカンバ、オオシラビソ（新芽がきれいで、木肌は白い）。西吾妻山はこの林が特徴との説明を聞く。リフトの上ではホトトギス、下の方ではカッコウが鳴いていた。地元のガイドさんから下山後きゅうりに味噌をつけて御馳走になった。とれたてのキュウリは格別美味しかった。

七三、男体山《なんたいさん》（二四八六ｍ）栃木県　七月一七日～一八日（一七日は浅草駅前のホテル泊）

八月初めに予定している剱岳へ一緒に行く友達と登っておこうと約束しての男体山である。一八日は東武浅草駅開門四時五〇分で五時発に乗る約束で、私は間に合わないので前日の夜、浅草駅前のホテルへ泊まって備えた。日光着七時三七分、タクシーに相乗り一人一一〇〇円で二荒山神社下車、五〇〇〇円で登頂受け付けを済ませ登頂開始八時三〇分。神社前（一二七〇ｍ）。

一合目～三合目は樹林帯、昨夜の雨で濡れて滑りやすい。四合目は鳥居の立つ分岐点、登山道入り口の表記。石段を登る。五合目～鳥居がある。中禅寺湖を見下ろすと白波を立てている船が見える。これからガレ場、大岩、大石の迫った道なき急登が続いている。これが八合目の半ばまで続くことになる。

友達と一〇時に昼食を石に座り済ませて登る。六合目ごろから二人のペースが違ってきて、私は自己の

ペースで先にいくことになり、七合目で「もうすぐだよ」と声を掛けるが、それ以後は三〇分登り、友達を待ちながら一五分休息を二度繰り返すと九合目の木の階段と山頂も見える。五合目、七合目、八合目に避難小屋があり、八合目には瀧尾神社があった。山頂には一三時に着いた。友達も少し遅れて着いた。

山頂は広い。一等三角点に触れ、縁結びの鐘もあり二度撞く。下山一三時五〇分〜一六時三〇分、下山は苦手な私が遅れて着く。日曜日でバスが来ない。結局一九時二〇分日光発に乗り帰途に就いた。

見ていた山と違いきつい大変な山だった。下山の途中、岩で怪我をしている人もいた。

七四、剱岳《つるぎだけ》（二九九九ｍ）富山県　八月一日〜四日

（女性三名で個人ガイドを依頼。六〇代・二名、七〇代・私）

ガイド（Ｋ・Ｈさん）を三名でお願いして、行くことになった。山の会社では剱岳は六五歳までしか対象としていなく、岩山を登ってからなど条件がついており難しかった。私の場合はこの機会を逃すと年齢的にも剱への登頂は困難であった。

一日の深夜近く、夜行バスで出発。二日早朝・室堂着、剱岳へ一番近い剱山荘に宿をとる。そこまではそれぞれ登った経験があるので三人で登る。一三時には宿に着き、ガイドＫさんと合流

する。

私は劔岳について、何でこんな山があるのだろう、と思っていた。岩でなければどんなに遠くても歩くのに岩ばかりで嫌な山だ、と思っていた。山荘へ来ても「やるぞ」という気持ちになれない。恐怖があったのだと思う。こんな気持ちになった山はなかった。

三日は天気が良くないというので四時一〇分真っ暗な中を出発。登り口で雷鳥の「グエー」という声のみ聞く。姿は闇で見えない。途中、鎖、岩場、前劔前の細い鉄の橋では踏み外したら谷底と気が許せない所ばかり、気の緩みは命の危険につながっていることを思う。足場も難しい。穂高は最後の登りで、足を置く位置を示してくれたが劔は全てがそれで自分で判断していかなければならない。そうしながら一服劔、前劔と進む。

途中でブロッケン現象、「真中に阿弥陀様がいるので、人は悪いことはできない」とガイドが教えてくれる。次に「影劔が見える」と教えてくれる。劔の影が山にはっきり写っている。霧もサーッとかかってくる。一時は曇ってきて雨になるかと心配もしたが降られなかった。この日は富山県警の学生が三〇名と、四〇名の集団で登り、追い抜いていく。二〇代で元気が良い。長い列なので待つこともある。すると寒くなる。持っている衣類は雨具しかなく心配になった時もあったが大丈夫だった。

山頂へは一〇時二〇分着、快晴。三六〇度の眺めで日本海の水平線もはっきりしている。下りではこの山は一刻も早く降りたいと思った。下山時には埼玉県朝霞の自衛隊の人にも会い、女性は少なかった。宿へ着いてガイドさんが「男のロマン」の山だと言っていた。ともかく登った。

ガイドさんによるとガイドをした最高年齢は六八歳。とのことで七四歳の私については「髙橋さんが心配だった」と言われた。

登りの蟹のたて這いは分かったが、下山時の蟹の横這いは鎖のあったところかな？　程にしか分からない。夢中で過ぎた。しかし、下りの大きな石の所で私は躓き後ろへ倒れたが後ろにいた友達が受け止めてくれて背中を打つこともなく過ぎ、感謝、感謝だった。剱とこのことは忘れえぬ思い出になっている。

四日一九時三〇分に帰宅すると、二〇時三〇分に妹から電話で郷里、茨城でお世話になった小母さんが亡くなり、五日通夜、六日告別式、との知らせが入った。二〇代の時私が一人になってしまったのを見て母親代わりに毎晩泊りに来ていただいた私にとってはかけがえのない小母さんである。山の途中でなくて良かった。すぐ準備をして、御通夜・告別式に参列することができた。神様の思し召しと思う。

名古屋の小学校の恩師の時は登山の途中で後日お

参りさせていただくなど失礼をしてしまったことが今でも心残りである。

心からご冥福をお祈り申し上げます。

七五、羅臼岳《らうすだけ》（一六六一m）北海道　八月八日・九日

七六、斜里岳《しゃりだけ》（一五四七m）北海道　八月一〇日（きれいな星空だった）

七七、阿寒岳《あかんだけ》（雌阿寒岳）（一四九九m）北海道　八月一一日

八日は現地ガイドに釧路空港に迎えてもらい、知床半島の岩尾別温泉のホテルに泊。明日の羅臼岳への登山口にあたる宿だ。宿への途中、釧路湿原を通り、ラムサール条約（渡り鳥の世界的規模の保護）のこと、道路の雪よけの柵、矢印のこと、鶴居村には丹頂鶴が増えていること、岩尾別川には鮭が遡上してくるので熊が来るなどの話を聞きながら、鹿やキツネを見ながら宿に着いた。

九日は羅臼岳へ四時三〇分発で宿の裏から登り始める。ガイドから頂いた概要には標高差一四三一m、歩行時間八時間、距離一一・六キロとあった。六五〇mの所に「熊が出るので注意」の札がある。緊張する。

途中暑くて汗がポタポタ落ちる。一・五ℓの水を飲んでしまったので、弥三吉水の水場があり、ほっと一息つく。極楽平、仙人坂、羽衣峠などを登りきるとハイマツの原の羅臼平である。ここ

で昼食をとり、一時間ほど登ると岩清水が苔の間からこぼれおちている。清水でのどを潤し、そこからが急騰の岩登りだった。火山礫地帯を山頂まで一息つく間もなく夢中で必死によじ登った。この最後の急登が厳しかった。頂上付近でドイツの若い女性が飛ぶように追い越していく。山頂は快晴で国後島まで見えた。下山したのは一四時三〇分だった。羅臼岳はきついと聞いていたが、最後の登りのことだと思えた。この夜は清里町泊だった。

道果つる羅臼泊まりや天の川

一〇日朝、斜里岳へ四時三〇分発、清岳荘の駐車場へ。

この山は渡渉があるが、滑らない石なので登山靴のままで水が入らないとのことだったが、何度も川を渡るので神経を使って渡った。樹林の中を登る。イソツツジの咲き終わった葉がびっしり生えている。ウメバチソウもある。赤いツツジがきれいだった。胸突き八丁があると聞いたがそれほどきつくない。この繰り返しで馬の背へ出た。風が強く吹き抜けていく。ここから三〇分で山頂。風の強い中、山頂を目指す。山頂で弁当を食べる。天気

は曇ったり晴れたりだった。

下りはまき道で熊見峠へ登って急降し、清岳荘の駐車場へ帰った。この日は途中でリスを見た。次の宿は雌阿寒温泉の宿で一四時三〇分に着いた。女性四名の相部屋だった。

星のきれいな夜だった。天の川、カシオペア、北斗七星、北極星等々、「寝袋で星を見ながら寝たいね」と話しながら眺めた幸せなひと時だった。夜は窓を開けておくと寒いくらいだった。

一一日阿寒岳登頂の日は、蕗等の地元の野菜の宿の朝食をいただき、出発する。松林が終わり、ゴロゴロした石、砂状になり、樹林帯を過ぎると雲行きが怪しくなってきた。風も強くなり、ガイドは「この天候で上まで行きますか?」と言う。誰も答えない。私はまた来ることを思うと「後がないので行きます」と言った。ガイドも「九合目のここへきて帰るという人はいないでしょう」と言う。そこでレインコートをつけて、全員が頂上を目指すことになる。風はいよいよ強くなり、吹き飛ばされそうである。その中を頂上へ行った。登ってくる人には会わなかった。山頂の御釜の周囲にはロープが張ってあり、天気が良ければ覗けるのだが、山頂の強風である。火山湖には青と赤があったが風が強いので体を支えてもらって覗くのがやっとだった。写真を撮るのも怖かったが、支えてもらい撮ることができた。

下りはオンネトーの方へ下る予定だったが風が強く、ピストンのコースで下り、下りてからバスでオンネトーへ行ってくれた。水草の茎には孵ったばかりの緑の蛙が風に揺れていた。素敵な湖!　これで北海道の三山の登頂を済ませることができた。

帰りのバスでガイドさんが「登りきった最高齢の髙橋さんはすごい!」と言ってくださった。

この後、私たちは阿寒湖畔の温泉で入浴し、鮮魚市場へ寄り、釧路空港から帰途に就いた。十分満足の四日間だった。

七八、笠ヶ岳《かさがだけ》（二八九八m）岐阜県　八月二〇日〜二一日（両大腿・熱中症で異常）

二〇日、スーパーあずさで八王子から松本へ（一六時過ぎ着）平湯温泉泊。

二一日、笠新道登山入口五時一〇分に歩き始め。標高差一八〇八m、このような標高差を登るのは初めてだった。

途中の水場六時三〇分、笠新道は日陰が無い。一〇時二五分の休息の時も道の右側の低い木陰へ首だけ入れて休む。焼岳が見える。暑かった。歩いていると顔を洗うように汗が足元へ流れ落ちる。

一一時一〇分に杓子平で休息し、出発しようとすると今まで経験したことのないヒクヒクが両大腿にきた。ガイドに話し、すぐ漢方薬六八番を飲む（足がつった時の薬を必ずいつも持っている）。その場は治まる。しかし、稜線の分岐まであと少しの一二時二五分、今度は右大腿がおかしい。ガイドは「軽い熱中症だ」と言う。再度、漢方薬六八番を飲んでもたせる。午後一時一〇分に稜線に出て、笠ヶ岳山荘に一四時三〇分に着いた。みんなに迷惑をかけずに来られてほっとした。陰のない日照りの登頂に九時間二〇分を要したことになる。

宿へ着くとすぐ水を買い五〇〇ＣＣのボトルを一気に飲み干す。さらにお湯と水一ℓを購入する。この時程体が水分不足だったと思ったことはない。宿は収容人員の二倍でぎゅう詰め、一枚の布団に二名で寝る。ガイドも含めて一一名が同じ部屋で寝ることになる。足が伸びてくるので頭を最奥へつけて寝る。消灯二一時だが月の光が窓から入って眩しく、電気の灯りのようだった。きれいな月だった。

二二日は朝食前の四時四〇分発で笠ヶ岳へ登る。ひんやりしている。快晴で三六〇度良く見える。槍ヶ岳、穂高連峰、乗鞍岳、御嶽山まで見える。五時一五分、ご来光にみんなで歓声を上げる。下山して六時一〇分食事、六時三〇分出発。同じ道を下る。一〇時四五分に昼食をとり、一二時に下山できた。帰りは五時間三〇分で下りたことになる。

花は、ゴゼンタチバナ、ハクサンフウロ、トリカブト、シモツケソウ、アキノキリンソウ、リンドウ、アザミ、ウサギギクなど、ノイチゴ、ブルーベリーは実っていた。

ご来光歓声あがる笠ヶ岳

健康…足がつることを覚えてしまったので、この後の大きい山では水を切らさないように注意するように心がけなければならないと思う。

七九、槍《やり》ヶ《が》岳《たけ》（三一八〇m）長野県　八月二七日～三〇日

せっかく行って登れないといけないので予備日を設け四日かけたツアーで行くことにした。二七日は立川からスーパーあずさに乗車し行くことになっていたが、ニュージーランドで頂いたペットボトルのふたが何故かなくなっており、同乗の人が気づき教えてくれる。キャップを閉めるのがゆるかったのかと思う。売店でキャップがないか聞いたが「ない」と言われティッシュをかけ、輪ゴムで止めて持つ。隣席の人が松本でキャップを貸してくれる。ありがたい。松本着一〇時三七分着。一〇時四九分発の新島々行きへ乗り、上高地着一二時三六分、そこから明神、徳沢、横尾と歩き、横尾山荘泊。

二八日は槍ヶ岳山荘に向けて五時五〇分発。槍沢ロッジへ二時間、天狗原分岐へ二時間一〇分、槍ヶ岳山荘へ二時間三〇分と足の痛い人がいてゆっくり歩いたため予定より一時間遅れて宿に着く。途中、天狗原を過ぎたころから晴れたり曇ったりする。お花も楽しませてくれた。ヒメク

ワガタ、ウラジロタデ、ミヤマダイコンソウ、ミヤマリンドウ、イワキキョウ、黄ツガサクラ、黄ツリフネソウ、トウヤクリンドウ、ウサギキク、タテヤマリンドウ、トリカブトなど。登頂は宿へ荷物を置いていく。上までは岩山でこわい所が頂上まで続く。三点支持でと言われただけで足・手の置く位置はその場その場で一人で判断して登り下りしなければならない緊張の登頂である。梯子の所は八割登ったら次の人へ声をかけて登るのが約束である。山頂は狭いので写真を撮ったら下りるようにいわれていたので流れるように下りる。曇っていて、周囲の山は良く見えなかった。

二九日朝下山前に添乗員が山の説明をしてくれた。浅間、富士、穂高、白山、荒島岳、野口五郎岳、鷲羽、水晶等三六〇度見える。なんと素晴らしいことか。もう一度登っても良い、との添乗員のすすめもあったが二度登るという人はいなかった。

朝食後、山菜おこわの弁当をいただき七時一〇分発で、氷河公園、天狗池へ向かう。小さな池があり、ここには厚い雪があり雪解けした少しの水に逆さ槍ヶ岳が映っており、写真に撮った。スイスの逆さマッターホルンを思い出した。

ここは陰が無く暑かった。一五時頃に槍沢ロッジへ着く。石鹸、シャンプーなしの風呂に入れる。夕食後、夕涼みをし、話が弾む。七四歳の男性一名と私が最高齢でそのあと七〇歳と七〇歳以上が四～五名はいるようだ。槍沢ロッジには双眼鏡で槍ヶ岳の見える場所が示されていた。実際は岩でごつごつしていた。

Tご夫妻とは北海道の羅臼・斜里・雌阿寒、そして今回の槍ヶ岳、次の越後駒ヶ岳へも一緒だそうだ。縁があり、心強い。ご主人は高所が苦手で岩を慎重に登っていた姿が印象に残る。

三〇日は槍沢ロッジを七時一〇分にでて、横尾山荘で預けた荷物を受け取り、徳沢、明神、上高地へきてホテルでぶっかけそばの昼食と入浴を済ませ一三時三〇分発で帰途へ就いた。

槍ヶ岳は水場が三ヶ所あり、助かった。樹木はシラビソが多かった。上高地では本にも出ている登山ガイドの岩崎さんに会った。徳沢では田部井さんが上高地へ向かったとの声もある。快晴のハイキング日和だった。私はバスに乗ってから入浴したホテルへストックを忘れたことに気づき後日送ってもらうことになった。見つけていただいて良かった。このようにして使い慣れた登山用具を忘れたり、落としたりすることがある。使い慣れたものは心残りである。

八〇、越後駒ヶ岳《えちごこまがたけ》（二〇〇三m）新潟県　九月四日～五日

越後駒ヶ岳はぬかるみと行程が長い山と知識として聞いていたが、四日は東京一七時一〇分上越新幹線で浦佐へ、バスで銀山平温泉・殿之助小屋泊だった。

五日は三時起床、四時発、枝折峠（一〇六五m）四時二〇分歩行開始。ヘッドランプ装用。五時五分休憩、ヘッドランプをしまう。振り返ると、奥只見湖の水に触れ冷たい空気と水で奥只見湖は雲の池。五時三〇分頃、その雲が低い方へ流れ出る。幻想的で初めての光景。カメラマンも来るという。思わず、

秋暁や湖上の雲の流れ始む

と一句できた。この句は二二年NHK全国俳句大会で思いがけず入選する。

七時、山道へ腰を下ろし朝食、一五分間。ここまでは樹林帯。八時、休憩。一時間おきの休憩だ。八時過ぎからは陰が無く暑い。急登もある。歩行距離が長く、汗が笠ヶ岳の時のように流れる。山頂に近くなると笠ヶ岳の時のように右大腿内側の痙攣が始まる。いよいよ頂を前にして駒の小屋で一呼吸入れるときだったので九時五〇分頃漢方薬六八番を飲む。ここには水場があるとのことで、一〇ℓ入りかと思えるボトルに小父さんが水を汲んできて自由に飲んで良いとのことで、五〇〇CCもらって飲む。これで痙攣はひとまず収まる。バスで隣席の女性はここまでで山頂を断念したという。あと、二山で百名山達成の人も足がつり気味だったという。私はこれからの山頂への往復一時間に耐えられるかと心配になり、とりあえず水を飲んだ。荷物はみんなここへ置いて山頂を目指し、なんとか耐え山頂への往復を達成できた。

昼食はこの駒の小屋でとることになったがカンカン照りの中で水も弁当も何もかも日に照らされて熱くなっており、食欲は出ない。しかし、水で流すようにし、おむすび一つ、ミニトマト一つ（暖かい）、ウインナー、漬物を食べる。暑い。五〇〇CCのボトルへ水を満たし、一一時に小屋を出発する。日射しは真上だ。午前中陰だった所もカンカン照り。歩く足元へ汗がボトボトと落ちる。休憩時にガイドが二ℓ入りのボトル二本をみんなに分けてくれる。ここでも五〇〇C

Cもらう。この日三ℓは飲んだことになる。伝之助小屋からの迎えの車に冷たい飲み物を積んできてくれてあり、五〇〇CCの水を一三〇円で買い殆ど一気に飲んでしまう。小屋へ着いて湧水を二本飲む。女将さんが熱いほうじ茶を入れてくれた。入浴後、牛乳を二〇〇CC飲む。下山はつらずに済んだがとにかく長い距離で暑い一日だった。

ハクサンフウロ、イワカガミの咲き終わり、リンドウ、大カメの木の赤い実、ナナカマドの青い実など見ている気にはなれなかった。天気はよく、この日の視界は開けていたし、堂々とした中ノ岳、八海山、平ヶ岳も見えるが暑く、もうどうでもよいという気持ちだった。一五時三〇分に駐車場に着いた。家でクーラーをガンガン冷やした中にいたい、と思った。

添乗員は「上り四時間四五分、下り四時間三〇分で歩いた。足並みが揃っていた。行動時間は一一時間だった。七五歳が最高齢だった。年齢ではない」と言ってくれた。私の上にまだいたのかと思った。暑さに参った一日だった。これからの登山について考えさせられた。

旅行パンフレットには、歩程距離の長いコースです、初心者の参加はご遠慮ください、とあった。

八一、焼岳《やけだけ》（二四五五m）長野県・岐阜県　九月一八日～一九日

一八日一八時三〇分新宿発、平野温泉二三時三〇分着。

一九日四時起床、朝食をとり、五時発、中の湯を五時三〇分に登り始め、リンドウ平で休憩。

南峰は崩落の危険のため立ち入り禁止で北峰溶岩ドームに達する登山である。厳しい登りが続く。距離が短いので当然だと思う。山頂はゴーゴー吹き上げる硫黄のガスで白煙が上がり、岩は硫黄の黄に染まり、匂いが鼻につく。その脇の岩を一人しか通れないので通過待ちをしながら上り下りする。ドーム直下から水蒸気が上がる。

七時間の登山時間と思っていたが結構厳しい山であることを山頂への途中で自覚する。山に楽な山はない。尾根は藪になっていても一歩踏み込めばズルズル転がり落ちるのは確かだ。人、一人しか歩ける幅しかない山道であることを自覚する。山側へ寄るのが鉄則である。

山頂では穂高連峰を目の前にする。奥穂の吊り尾根、前穂、飛騨の名峰笠ヶ岳。槍は穂高連峰の左の方に小さく見えた。感動の時だった。

下りは一旦下がって西穂から続く稜線上の小高い所まで登る。焼岳山頂部の見える焼岳展望台である。ここで「ここを下りると焼岳は見えなくなる」と言われカメラに収める。そして焼岳小屋へ下り休息をし(一一時〜一一時一五分まで)昼食をとる。ここからの下りでは梯子の急下降、岩場が続き上高地へ着いた。上高地よりバスで帰途に就いた。

八二、鳥海山《ちょうかいさん》（二二三六m）山形県・秋田県　九月二五日〜二七日

湯殿山と羽黒山へ登頂して、二五日は大平山荘泊だった。この大平山荘では鹿を飼っており、

その隣には石碑が建っていて心に残った。

明日二六日の安全な登頂を祈り、夕方、宿からすぐの見晴らし台から、日本海の夕日を眺めた。日本海は何故か郷愁に駆られる。同行した二〇名の内女性一四名で男女合わせて六〇歳以上が一八名、五〇代一名、四〇代一名、百名山目の方が一名おり感動にあやかった。この内一名の女性とは二度程百名山を一緒に登った人でみんな気持ちが通じ合えて良かった。

九月二六日朝、三時三〇分起床、朝食・四時、大平登山口へ体操後、五時にヘッドランプをつけて登頂開始、吹浦コースと言われるコースで行く。清水大神で衣服調整をし、しっかり着る。河原宿、御浜小屋、七五三掛を経て、大物忌神社（御室小屋）に一〇時三〇分に着く。風が強く、冷たく、寒く、雨具、ダウンも持っている衣類は全部着る。

伏拝岳、荒神ヶ岳へ荷物を置き、空身で岩のみの新山へ登る。ここは大きな岩伝いで道なき道を伝い登っていく急登だった。途中の洞穴に祀ってあるらしき所があったが、止まることは危険なのでペースを崩さず登った。この新山だけに往復一時間を要した。

大物忌神社で昼食をとったが寒く、神社の石塀に張り付くようにして食べポットのお湯を飲む。下で見ていた山とは全く違う様子に驚く。今にも大岩が転げ落ちてきそうでもあり現に落ちた大岩が通路を塞いでいる脇を通った。下山は賽の河原を経て鉾立登山口だった。御浜小屋からは石畳と本で読んだので平らな道を想像していたがとんでもない。石工さんが

かぎりなき大地の
めぐみかぎりなく
耕す心、耕さんかな

菅原兵治先生の碑

割った石が並んでいるので、見て歩かないと転ぶ。これを一時間三〇分まだかまだかと思いつつ下りた。ガイドさんは、夏の暑い時は「ビールやアイスが待ってる」と励まし下山したそうだ。陰がなく、想像するに恐ろしい。一六時まで、一一時間を要した。

一緒に登頂した人の中には二度目の挑戦という人もいた。日本海からせり上がり、気象の変化が激しく雨も多く、雨で中止になったためだという。私は一度で登頂でき良かったと思った。

この旅では　二五日に芭蕉の句　涼しさやほの三日月の羽黒山
　語られぬ湯殿に濡らす袂かな
二七日の月山で　雲の峰いくつ崩れて月の山　を記した。

八三、火打山《ひうちやま》（二四六二ｍ）新潟県　一〇月一日〜二日

八四、妙高山《みょうこうさん》（二四五四ｍ）新潟県　一〇月三日

一日の夕方新宿を出て赤倉のホテルに二二時三〇分着。

一〇月二日は笹ヶ峰登山口六時三〇分出発、富士見平を経て高谷池ヒュッテで休息、雷鳥平を経て一二時火打山登頂。昼食を二〇分でとり、雷鳥平、高谷池ヒュッテを右にみて、左へ入り、黒沢池ヒュッテを目指す。一五時着。

この日思いがけず嬉しかったこと、二つ。

私の後を歩いていた女性が「健脚ですね」と話しかけてくれる。こんなことは初めてで半信半疑。どうしてかな？　と思い、「七四歳ですよ」と言うと、「私の母も七五歳で歩いてます。今年も北岳と間ノ岳へ一緒に行きました。『もういいかな？』と言いながら登ってます」と言う。私は「それでは来年まで歩けるかしら？」と言いながら歩いた。

もう一つは火打山の頂上近くは階段続きだった。長い連続できつい。二人が前を歩いていたはずなのにいつの間にかガイドと話しながら私が一番前を歩いていた。頂上へ着くとガイドが「髙橋さんは今回最高齢、呼吸法ができているのでみんなは髙橋さんに見習って欲しい」と山頂で一人一人に登頂の握手をしながら声かけしてくださり、黒沢池ヒュッテへの鎖場を下りる所では「髙橋さんが一番うまい」と褒めてもらった。この夜のビールの席でもこの話が出たと知らされ、いくつになっても褒められるのは嬉しい。自分では意識してなかったのに何時の間にか呼吸法が身についていたのかと思い、冬も体力維持に頑張ろうと思った。

黒沢池ヒュッテは八角形のドーム型のブルーのトタン

屋根の特徴ある山荘だった。一五〇名程の宿泊者がいたが布団一枚に一人で寝られて幸せだった。何度か目覚めたが九時間ほど眠り疲れは取れた。

三日、妙高山登頂の朝、昨晩は満天の星だったのに目覚めると曇り、雨具を付け五時二五分妙高山へ向けて出発した。

火打山と違い大きい石で足場の悪い上りを山頂までずっと登り続けた。雨を心配して早く出発したので八時に山頂へ着き朝の食事をとる。標識は北峰にあった。佐渡も浅間山も見えた。

下りは南峰から燕温泉へ向かい下りた。天狗平には広い場所があったので一〇時頃昼食をとった。温泉へ下る途中で硫黄の臭いが強くなった。それは光明滝と称明滝になり北地獄谷へ落ちており、そこが天然温泉になっていて、男性二名が入浴していた。出てきた男性の「最高!」という声が聞こえた。天気は良いし、そうだと思いできることなら入ってみたいと思った。硫黄温泉の川のようだった。それが燕温泉へ来ている。赤倉温泉の源泉もここである表示があった。一二時に下山でき、ホテルで入浴しバスで新宿へ向かった。

この旅で「髙橋さん」と声をかけてくれる男性がいた。二〇年に裏銀座の縦走六日間を共に過ごした静岡の方だった。

一一月一七日には七二歳になるという。毎日三時間歩き、低い山を毎週、街の人と共に歩き筋力維持を図っていると話してくださる。元気そうだった。裏銀座を思い出し懐かしい。

「髙橋さんはもう百山終わっていると思っていた」と言われる。そして、あの時のメンバーにはSさん以外には会っていないと言われた。

このような思いがけない再会があったりするのも楽しい。稜線の紅葉は長い細い帯のように一線を引いた紅葉になっており初めて見る景色で印象的だった。

八五、雨飾山《あまかざりやま》（一九六三m）新潟県・長野県　一〇月一七～一八日

松本から大糸線に入り信濃大町で乗り継ぎ南小谷へ一五時二七分に着いた。途中、木崎湖、青木湖も通り私が現在住んでいる家を建ててもらいその後小谷へ帰られた工務店さんを思い出す。夕暮れになると薄の白い穂が線路沿いに揺れ、進行方向左の車窓からは白馬三山の白馬、白馬槍、杓子岳が見え隠れする。この三駅だけ乗る旅行会社企画の旅で来ていた人たちが乗り合わせていた。それだけ情緒のある鉄道なのだと知る。

一八日の登山は雨飾高原キャンプ場一一六〇mから五時三〇分に登山開始、途中山毛欅《ぶな》林、荒菅沢、笹平と行く途中で屏風のような岩山が見えるが雨飾山はその奥だと言われる。登りはきつくなく、山頂に一〇時三〇頃に着いたが、

下りは南峰からで、梶山分岐から雨飾温泉へ下りる。前夜は雨が降ったとのことで、下りの道は泥道、石も木の根も、階段も滑る足元の非常に悪い道を雨飾温泉まで三時間三〇分尻餅をついたりしながら何故こんなひどい道を下るのかと腹立たしく思いながら歩いた。

宿には秘湯を守る会の提灯が下がっていた。お湯は天然そのもので温めも、うめもしない掛け流しで冬は休業だという。もったいないと思う。泥道も秘湯への道で仕方がなかったのだと思いゆっくり浸かった。

この山では同じ会社のツアーのみで百名山を登り百番目の人がいて会社から百名山のカップ酒が振舞われ、ご馳走になり、その喜びに遭遇することができたことは幸せだった。

山毛欅の紅葉がきれいだった。しかし山の上は葉が落ちてしまっており、上下の違いがはっきりしていた。下山は悪路だったが秘湯温泉で忘れられない雨飾山になった。現金な自分だと思う。

八六、荒島岳《あらしまだけ》（一五二三m）福井県　一〇月二九日～三一日

今年は雨飾山で終わりにしようと思っていたが、山で知り合ったTご夫妻が「荒島岳は夏は暑い」と言われていたので心を立て直し一〇月二九日から三一日の予定で行くことにした。

天気は台風が来ており関東地方は三〇日から雨の予報。

当日は夜行バスで二一時四五分東京駅集合だったが、山手線上下に人身事故の影響の表示が

あったので、中央線に切り替えて二一時三〇分に着く。バスは満席で眠れず朝を迎える。天候の関係で、伊吹山へ三〇日に登ることになる。私は、荒島岳がメインで、伊吹山には登っていたので事情を話し、伊吹山の登山は止め、バスで寝て休養をとった。

当日は伊吹山の登山が早く済み、午後、時間ができたので、彦根城をバスで一巡し、その後、福井県の気比の松原の観光をした。配慮のある機転の利くガイドさんだと思った。

雨のために伊吹山と期日を変えたので、宿泊した敦賀から荒島岳が遠くなり、三一日の荒島岳は三時三〇分出発になり、夕方コンビニで朝の弁当を各自用意し、一九時四〇分には寝てしまう。

翌日はモーニングコールに一〇分早い二時三〇分に起き、身支度を整える。よく寝たので不安はない。五時三〇分、標高差一二三四mを登頂開始、山頂着九時一五分、山頂発九時三〇分発、下山一二時一五分着で六時間三〇分で登頂を済ませたことになる。道は雨のあとで泥道、木の根につまずき、下りは急降下のため注意していたのに尻もちをついてしまった。リフトの終点からは、ガイドを離れ個々で歩き、靴を洗い、トイレを済ますように言われる。みんな早い。朝はヘッドランプをつけ暗く分からなかったが、きつい勾配であることが分かる。夏は暑さが追い打ちを掛けることが理解できた。ブナ林は黄葉がきれいだった。

平成二三年

八七、十勝岳《とかちだけ》（二〇七七ｍ）北海道　六月二五～二六日（タクシー会社に起こされる）

今年の最初の山で緊張していたのに朝から大失敗。目覚ましを三時五〇分にしたのに止めたのかセットができてなかったのか、予定の四時半にタクシーは来ていてもまだ眠っていた。運転手は会社へ電話し、会社が家に電話をして起こしてくださり私は大慌てでタクシーへすぐ用意すると伝え、四時三六分頃飛び乗る。二〇分で所沢東口へ着くといわれ予定していたリムジンバスに間に合う。

目薬（白内障手術後の）とクリームは持ったが、差し歯は忘れたことに気づく。でも仕方ない。「行った先へ忘れないで済むので良い」と腹を決める。羽田の集合場所の第一ターミナル五番時計台の集合場所へバスが着き、六時三五分に間に合い助かる。朝食は持っていたカステラで済ます。

二五日の大雪山は登っているので山頂へ行かずみんなが下山するまで周囲の散策と決め、ガイドへ伝える。雪が深く、周囲も真っ白でこの登山は寒さが厳しいと思えた。

散策では岩の上に突如現れたかわいいシマリスに心を奪われた。黒岳から縦走してきた男性は「途中雪で方向が分からず危なかった」と言い、ここまで来れば安心と煙草を美味しそうに吸っていた。大きな野兎が山のほうへ走り見えなくなった。美瑛岳、美瑛富士がよく見えた。

二六日は九時から登り始める。スケールの大きい山だ。途中、霧が流れ、眼下には白金牧場と白金ダムが見えた。霧はすぐ自分の足元のみしか見えないほど濃くなる。下にいたら山は全く見えないはずだ。頂上は昔の登山道を閉鎖した杭が等間隔に打ってあり、入山禁止のロープが張ってある火口が多く、稜線の両サイドの大きく口をあけた火口を見て不気味な感じがした。噴火の細かい石で覆われた山は黒い山をなしていた。

下る時スキーで下りを楽しんでいる人がいた。気持ちよさそうだった。できるならしてみたい、と思った。

八八、蔵王山《ざおうさん》（一八四一m）山形県・宮城県　七月一〇日

朝日岳へ登るトレーニングに蔵王山に登るという。いつか一人で歩いて山頂を目指したいと思っていたので思いがけないチャンス！　何度も一緒になったFさん、十勝で一緒だった人、笠ヶ岳で一緒だった人の四人で行動した。

避難小屋が山頂かと思っていると「熊野神社の所に山頂はあるよ」と教えてもらい行く。雲行きが悪くなり雨が降り出し、山頂での写真は厳しい天候になる。広い原っぱなので道に迷わないように長い杭が立ててあった。雨は一時で止み刈田岳へも行き、ご朱印も受けた。

花は、オノエラン、高尾ではキンランは見ることができたがギンランは見たことがないのでギ

ンランかと思ったらオノエランだった。ハクサンチドリなどをゆっくり写真を撮りながら歩くことができた。

バスで古寺鉱泉（六八〇ｍ）の朝陽館に泊、前に古寺川があり水量が多く、流れは急だった。夕食のメニューは、根曲がり筍のみそ和え、独活の煮びたし（太くて柔らかくて美味）、ゼンマイの煮物、蕨のお浸しに削り節がのってる、岩魚の塩焼き、なめこの味噌汁、豆腐と出し汁、出し汁は黄瓜、ナズナの刻んだ野菜を昆布出汁で和え、とろみがついていて冷ややっこにかけてある。ご飯にもかけるそうだ。それに漬物。なんと贅沢な食事。

八九、朝日岳《あさひだけ》（大朝日岳）（一八七一ｍ）山形県　七月一〇～一一日

十一日、四時発でブナの樹林を登る。宿の主人が「水の多い山だから持っていかなくて良い」と言われたように一服清水でペットボトル二本に汲む。はなぬき分岐（一一四〇ｍ）、三沢清水、古寺山（一五〇一ｍ）。展望が開け、小朝日岳が見える。大きい山だ。この山を越えていくという。総勢二一名で疲れているので、まき道で行く。熊越えの鞍部で絶壁に見える。このあたりから樹林なし。暑い。銀玉水へ行列をなしてボトル二本に満たす。階段状に見え、その先に見えるのが大朝日小屋。冬は避難小屋になるという。新しくきれいだ。そこから一五分ほどで大朝日岳山頂だ。山頂付近はお花が多い。ヒメサユリに初めて出会う。長く厳しい山だ。汗が噴き出る。水場

三ヶ所で水を沢山飲んだので、おなかがすいているのか、いっぱいなのか、水と汗で分からない。タオルを濡らし首に巻く。

下りの花貫分岐あたりで雷の音がし始める。熊越えでは冷たい風がヒューヒュー回ってくる。下り切る一五時三〇分頃には雨が降り出す。宿の前の川で靴を洗っていると雨が強くなってみんなバスの方へ走りだす。私はいつも遅い。タワシ一〇本ぐらいを片付け、荷を見るとストックが忘れてある。必ずこのグループと思い、畳んで自分の物と三本持ち濡れるので衣類はビニール袋へ入れて、傘をさすが気休め程度のものだ。山の雨は強い。外にはいられない程だからびしょ濡れだったが山中でなくて良かったと思った。この山で私は二度転んだ。転ばないよう肝に銘じた。

九〇、トムラウシ山《やま》（二一四一m）北海道　七月二〇～二二日

トムラウシは山の事故で八名もの人が亡くなっており、大朝日より長いと添乗員から聞いており、特別の思いがあった。

宿舎は登山口に近い国民宿舎のトムラウシ温泉泊で、標高「七〇〇m」の地にあった。

当日、朝三時出発。登山開始三時四〇分。道が悪い。竹は踏みつけられ、木の根はある、ぬかるみ道は長い。カムイ天井へ出ると十勝連峰、日高山脈が雲海の先に見える。さらに進むと、東

大雪の山々が見える。コマドリ沢が雪渓になっており、つま先に力を入れて登る。登り切ると目指すトムラウシ山が現れる。岩場を登ると前トム平の平たん地に出る。ここで休憩した、ここで時計は八時二五分だ。朝から五時間弱歩いたことになる。次は岩礫の急坂を登り、今度はすり鉢の底へ降りるように下るとトムラウシ公園になっており、チングルマの咲き誇るお花畑だ。次は下ったら上らないとならない。岩礫地を登り切ると平原になっており、ナナカマド、イソツツジの白いお花畑が広がっている。

　トムラウシは目の前にそびえている。最後の岩場・ガレ場を登り切ると山頂・一三時四五分。七時間を要している。途中にはコマクサの群生地があった。深田久弥が「コマクサの段々畑」と言ったそうだ。見た主なお花は、エゾコザクラ、アオノツガザクラ、ヨツバヒヨドリ、トモエシオガマ、チングルマ、ハクサンイチゲ、ナナカマド、チシマギキョウ、エゾツツジ、コマクサ、ウコンウツギ、マルバシモツケ。前トム平ではエゾイソツツジ、エゾヒメクワガタ、メアカンキンバイ、イワヒ

ゲ、イワウメ、ミヤマキンレイカ、ミヤマオミナエシ等々。池塘群の周りにもお花が咲き乱れている。視界三六〇度。帰りの道は乾いていたがぬかるみはそのままでずぶずぶ入って歩いた。歩き通せなかったら途中で待てばよい、との覚悟もあった。水場がないので五〇〇ＣＣのペットボトルを五本とアイゼンをもったので今までの登山にはない重さ。日帰り登山では百名山で一番距離が長い山で不安だった。しかし暑さがきつくないのか、汗をそれ程かかず、体力の消耗も少なく助かった。しかし、午後になるともう歩くのに飽き、歩きながら温泉につかっていることを思い描いたりした。一七時一五分には下山できた。ピストンで一三時間三〇分かかる山はもうない。女性一三名、男性九名、全員完登できてよかった。私と同室の人は、六二歳の川崎市の方、六七歳の元小学校の校長先生、六八歳のバリバリのキャリアウーマン、それに七五歳の私だった。この年になるとどこへ行っても最高齢になってしまう。

この大朝日岳とトムラウシの二山で体重は確実に落ちた。

九一、東岳《ひがしだけ》（悪沢岳）（三一四一ｍ）静岡県　七月二九日～七月三一日

九二、赤石岳《あかいしだけ》（三一二一ｍ）静岡県・長野県　八月一日～二日

女性五名、男性三名にガイドＫ・Ｙさんと添乗員の計一〇名で荒川三山から赤石岳へ南アルプスの旅である。畑薙ダムまで本来はバスが来て乗り継ぐのだが、雨で道路崩落がひどくバスは不

通で三〇分歩きバスを待ち、椹島ロッジへピストンのバスに乗る。ロッジ着は一四時三〇分過ぎになり、奥深いところへ来たと感じる。登っている人は、大変な山は少しでも若い時に登っておくというのが百名山を登る人の常識になっていることを知ったのは志して大分経ってからだ。年齢から、登れる山はどんどん登り数をこなしていった私には選んでいる余裕はなかったため、終りが近くなると大変な山ばかりが残っていた。この荒川三山も大きく深い山だ。無理のないように一日に歩く距離の短いゆったりのコースを選ぶので一日多くなる。

三〇日は一日かけて二日目に泊まる千枚小屋へ行く。ここは数年前に火事で焼け、一一月末までに建設される予定だそうだ。感慨深い思いで敷地に立つ。

マルバダテブキ、トリカブト、バイケイソウ、ハクサンチドリなどお花がきれいで、富士山が正面に見えた。南アルプスは施設も食事も良いと聞いていたが建て替えた丸太小屋でも材木をふんだんに使ってあった。宿泊者も少なく毛布は何枚でも使って良かった。シャツは雨で渇きが悪いので汗のシャツで我慢することにした。目の前の悪沢岳を「明日登る山」と言われた時はとてつもなく大きく、高く、覆いかぶさるような山に見えた。

三一日は丸山（三〇三二m）、悪沢岳（三一四一m）、中岳（三〇八三m）、前岳（三〇六八m）を経て荒川小屋泊の予定。雨具をつけると止み、脱ぐと降るという天気だった。この宿も同じ作りで、オーナーがストーブを焚いてくれたので手袋、帽子、靴下などが乾かせた。疲労は良くないので努めて休養をした。途中、雷鳥の親子に遭遇した。

７月 31 日泊の荒川小屋

赤石岳への途中
千枚岳山頂付近の岩

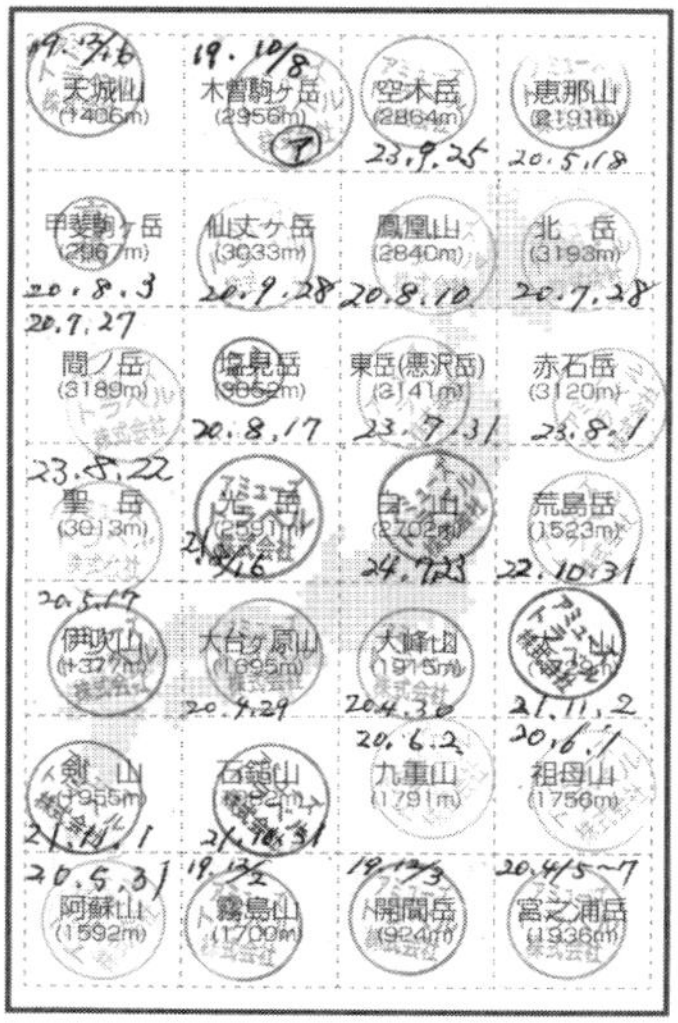

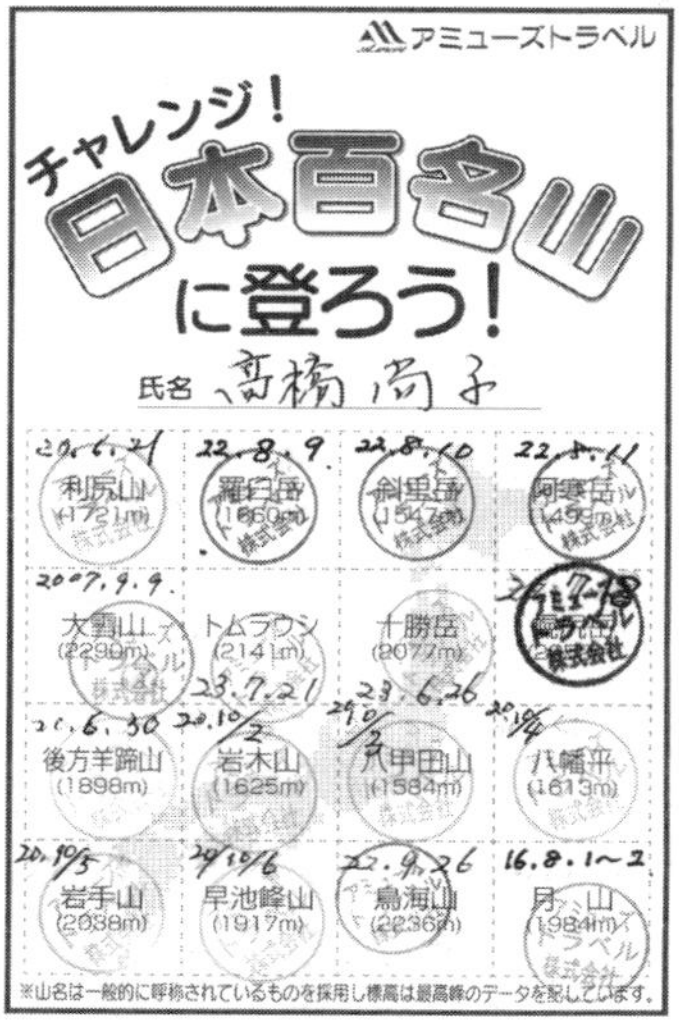

八月一日は快晴が期待できた。宿を六時に出て大聖寺平を経て小赤石岳（三〇八一ｍ）へ登った。雲海がきれいで素晴らしい。頂のみが雲からでている。まさに小学校唱歌「頭を雲の上に出し」だ。次にそこへザックを置き、空身で赤石岳（三一二一ｍ）へ登った。前に若い男女がいるのみで山を独占できた。視界も抜群だった。ただ雲が多く、雲が丸い柱のように山の間から立ち上っているのは印象的だった。視界は三六〇度だった。大きなボス猿のあとを次々に小猿が追って走り去っていった。最後の宿である赤石小屋へ近づくとお花畑がきれいだった。フシクロセンノウ、イワギキョウ、ハクサンフウロ、ハクサンシャクナゲ、ニッコウキスゲ、コイワカガミ、シロツメグサ、マツムシソウ、ハクサンイチゲなど。これで南アルプスも踏破できた。家を出て三日目にやっと悪沢岳、四日目に赤石岳と奥の深い山だと思う。

九三、鹿島槍ヶ岳《かしまやりがだけ》（二八八九ｍ）長野県・富山県　八月一二～一四日

スーパーあずさに立川駅で乗車し、信濃大町駅一一時集合で、爺ケ岳登山口へ会社手配のバスで行き、一二時過ぎからの登山で柏原新道をひたすら種池山荘へ向かう。昼の熱い盛りなので、汗がポタポタ足元へ落ちる。私自身、足がつらないようにと願う。休憩時には帽子を取り、腕をまくって、体への風通しを良くするように注意を受ける。

つけていたバンダナは重く絞るほどの汗だ。水は一・二ℓを飲んだ。途中で男女一名ずつ足のつる人がでてガイドに処置してもらったが、一六時三〇分に山荘に着く。

山荘近辺はウサギギク、ハクサンフロ、チングルマ、トリカブト、マツムシソウ、イワカガミ、アキノキリンソウ、ニッコウキスゲ、キバナシャクナゲ、ミヤマダイコンソウ、ヤマハハコなどガイドに教えてもらう。まさにお花畑！

夕方はめずらしいといえるほど良く澄み、遠くから水晶岳、蓮華岳、針ノ木岳が見え、連山を見ながらの夕食で幸せだった。

水は一ℓもらって歯磨き等すべてを賄うのだが、昨日の二〇〇CCがあったので助かる。空きのポリ容器も貴重だ。容器が無く水をもらえない人もいた。

一三日は爺ヶ岳、宿泊する冷池山荘を経て山頂を目指した。雷鳥が砂浴びをしていた。近づいても逃げずに続けているので人を恐れない良い環境になっていると感じた。猿が新松子を餌にしているのが、かじった跡と糞から理解できた。山頂はガスっていて何も見えなかった。帰る日は爺ヶ岳南峰で眺望を楽しんだ。爺ヶ岳は北峰・中峰と三つあるそうだ。

右に劔、その左に立山三山、南に針ノ木、その左に蓮華、奥に水晶、薬師、赤牛、一段高く富士までも見えた。

当日の女性のガイドに宿で個人ガイドが可能か尋ね了解を得る。私が登山計画を組み、会社へ申し込んでおいても、申し込む人が少ないと催行されない場合があり、その場合もう一年待たなければならず高年齢の私の場合百名山達成の大きなネックになる。その場合に個人でも依頼して計画を達成しておくことが必要になり、そういうガイドを知っておくことが重要になるためである。

九四、聖岳《ひじりだけ》（三〇一三m）静岡県・長野県　八月二〇～二三日

天気予報は明るくない。
二〇日～椹島ロッジを目指す
二一日～聖平小屋へひたすら登る
二二日～山頂から聖平小屋へ（三日目でやっと山頂へ）
二三日～聖平小屋・椹島ロッジ・帰宅

二〇日は椹島ロッジへ一五時三〇分着。一日かけて初めの山荘泊で奥深い山だと実感する。この日の客は新宿から五名、横浜から五名、静岡から四名の一四名、とガイドとスタッフ二名の総勢一六名。

二一日の聖平小屋へ向かう日は朝目覚めると、本降りの雨。覚悟を決めて出発する。山へ入る時、鹿が「フィーフィー」と鳴いており、「山へ入ってはいけないと言っているのかな？」と思ったりした。

歩き出して間もなく前のグループで滑落があり、頭を切り、県警がおぶって降りてくるので通路を開けて協力するように連絡が入る。滑るし細い道は小川のように流れていて足もとが危険だった。

登山道にはミミズの太くて長いのが生き生きしており、ミミズにしては色がブルーがかっており、二〇センチほどの蛇の子・生まれたてだそうだ。二〇センチもありそうなヒルにも何度かあう。道は雨で一層悪い。このような中、急登が三回、橋は鉄でどれにも重量四〇〇キロと表示してある。つり橋も二度あり下は白波の立つ沢でよく揺れて気持ち悪い。右手でロープにつかまり、ストックは二本まとめて左手に持ちゆっくり渡る。置いてある丸太も朽ちていたりするので丸太を避け土を選んで歩く。山はどこも危険が一杯。気をつけて山側を歩こう。慎重に歩こうと自分にいい聞かせ、休むと濡れているので寒い。体は動かしていたほうが良い。立ち休みの時凍死のトムラウシの話も出る。途中背負われた怪我の人と付き添いの、五名のグループのみに会い一四時過ぎにやっと聖平小屋へ着く。

宿の入り口では、私たちの到着を待ち、顔見知りの添乗員さんがふるまってくださった温かいお茶が美味しく、到着したことに安堵した。お茶一杯のぬくさかな、としみじみ思う。

この夜は乾かす設備がなく、くしゃみが出、風邪をひきそう。

Tシャツを一枚買ったが効果はない。明日も雨で、雨がひどいと登頂できない山だとの話が出て、二一日に登ったグループの人が「私たちは頼んで登頂させてもらったので、頼むと良いよ」と話してくれる。「こんな思いをしてここまで来て登頂できないなんて大変なことだ」と思う。このために二度目、三度目の挑戦の人のいることが理解できた。

いよいよ登頂の三日目の二二日も雨だったが前日より良い。しかし、途中の細い稜線は岩で落ちたら命はないと思える。氷河期のものだという。三度目でやっと登れたという人も同行していた。やっと登頂した山頂は視界ゼロ。山頂の北東ピークの奥聖岳へはこの天気なので行かないとのことだったが私には、聖岳への登頂で十分だった。宿へ着く頃には小降りになり、トリカブトの紫がきれいだった。宿へ着くと来た時のことを思い、椹島への下りは慎重に降りようとみんなで話していたが、雨が小降りだったので思いのほか簡単に下りられた。

帰宅しホカロンを背に貼る。体調が帰宅後二六日までおかしく疲れていた。南アルプスは奥が深い。

雨にたたられ、この日のメモはすべてなくしてしまった。なんということか。

宿近くのトリカブト等のお花畑

九五、五竜岳《ごりゅうだけ》（二八一四m）・唐松岳（二六九六m）富山県

九月一一日〜一三日（一人で個人ガイドをお願いして）

私も七五歳になったので、疲れ？　年を感じるようになった。五竜岳も人が集まらずツアー会社の都合によるキャンセルがあったので一山でも多く登っておきたい気持ちから個人ガイドをお願いしても、と思ったのだ。

一一日は私の知っている白馬のペンションへ泊まり、一二日に七時四〇分始発のゴンドラ・リフトを乗継ぎ、八方池山荘から八時五〇分に歩き始める。マツムシソウ、リンドウ、ウメバチソウ、ヤマハハコ、ウサギギクなど見ながら第一ケルン、第二ケルンと進むと、右から白馬、杓子、白馬槍、天狗の頭、不帰の嶮、一峰、二峰、三峰が迫ってくる。手が届くようだ。素晴らしい景色だ。

蛇紋岩は木が育たず低い。普通は樹林帯に続く岩場だがこの山は蛇紋岩があり、樹林帯となっているなど聞きながら歩く。八方池を過ぎると雪渓からのひんやりした風が心地よい。休む。丸山ケルンを過ぎ、唐松岳頂上山荘へ一二時に着く。唐松岳を見ながら昼食をとる。登る人や下ってくる人を見てガイドが登らないと言っていたが「唐松岳へ行きましょう」と言ってくれる。「しめた！」と思った。往復一時間ほどだという。頂上は眺めがよく、剱、赤牛、薬師、水晶岳などが見える。一三時に五竜山荘を目指し出発する。

すぐ牛首の鎖がある。ぐるっと回るので長い。八割程行ったところで極度の緊張からか左足大腿動脈に異変、鎖につかまりすぐ水を飲む。よくなる。右も変だ。水を飲む。一息入れてこれから行く細く曲がりくねった登山道を見下ろす。ストックは使えないのでザレ場はズルズル足の踏みごたえ無く滑るので要注意だ。バランスに注意し下る。分岐を下ると五竜山荘へ一五時三〇分に着く。隣に肺気腫の人がおり呼吸音が高く眠れず部屋を替えてもらう。

十五夜だったが風が強く、ガスがありまったく見えない。下界が暑いと気温が温まりその気温が上ってくるので夜も朝もガスっていることに初めて遭遇しこの変化を知る。

一三日朝、五時三〇分に朝食を済ませる。塩味が濃かったが全てとる。汗をかくからだ。五竜岳への歩き始めはつらい。「こんな思いをして」と思うが、ガイドは下見までしてくれている。頑張らねばと思う。岩場の山で鎖もあり、劔岳を思い出す。山頂は視界が利かない。少し待ったが、晴れない。下りは、西遠見、大遠見~小遠見、地蔵の頭で休む。冬山の遭難だそうだが、慰霊碑が多い。険しい山なのだと思う。

九六、空木岳《うつぎだけ》（二八六四ｍ）長野県　九月二三日～二五日（夜行バスで入眠剤の影響）

空木だけ残ってしまったという話は聞いていたが、私も空木岳が残っていた。年齢的にも、翌日の体力を考えても、夜行は避けていたがそう言っていられず、夜行バスで行くことに決意、新宿二二時五〇分発に乗った。参加者は男六名、女二名でマイクロバスの私の席は一人掛けで寝れるはずもなく、一席空いていた後部座席へ移動させてもらった。

二三時頃入眠剤を飲んだが、殆ど眠れずに朝を迎えた。

二四日は長野県の伊那川ダム（一〇八〇ｍ）を六時に出て、うさぎ平、見晴場を経て宿泊する木曾殿山荘まで歩く予定だった。歩き始めて暫くして「髙橋さんは遅れるので私の後ろを歩くように」とガイドと男性の間に入り歩いた。こんなことを言われたのは初めてだったが、夜遅く飲んだ入眠剤が効いており、飲まないようにと言われているのを飲んだので、言うに言えなかった。うさぎ平で「パッ！」と目覚めたのを覚えている。

八丁のぞき八時三〇分、六合目吊橋・腐っていて怖い、ロープにつかまり進む。九時三〇分、うさぎ平、見晴場、水場を経て宿泊する木曾殿山荘までの急登一〇時一〇分から続くこと、これでもか、これでもかという登りで山荘の二五八七ｍまで標高一五〇〇ｍを登った。途中、一〇時四〇分～一一時に昼食をとり、一四時に宿へ着いた。疲れてしまい、食べ物を手に持って口へ入れる前にコックリする始末。夕食一七時。山荘は一階が食堂。二階が大広間の寝室。九月だが三連休で一番混む時という。一枚の布団に二人で、かけ布団も敷き布団も薄い。窓は雨戸が無くガラス戸で、硝子の天窓からは星が良く見える。

夕食後布団に入る。コーナーをとっておいたが、宿の人の決めた場所に移る。入眠剤をポケットに入れておいたが飲む前にもう眠っていた。目覚めると星がキラキラして一瞬、今自分は何処にいるのか？　と思った。天窓の星がきれいだ。流れ星も見えた。「ラッキー！」。隣の女性は「星を見てくる」と外へ行く。その隣の男性も行く。二人が帰ってから私も行って星を見、トイレへ入る。星が鮮やかだ。星粒が大きくつかめるようにくっきり見えるが風が強く、寒い。小屋の人は毎日この星空が見られるのかと思う。

二五日は朝食四時三〇分、五時二五分発。宿のオーナーが山頂まで厳しいと言ったが、急登で岩山にへばりついて登っていく感じ。急登第一ピーク、第二ピーク、第三ピーク、山頂である。

途中、第二ピークを過ぎて振り返ると木曽御嶽が大きく堂々と見える。そして丁度雲が山嶺を縫うように流れ、白い波のように染めている。初めての景色できれいだ。澄んでよく見える。登ってくるとき、毛糸の帽子にしたが、薄いので風が強く、右の耳が痛い。このままでは良くないと思い右手で耳を覆い左手は岩をつかんで登る。岩の直登で厳しい。やっと山頂へ着き写真を撮り七時二〇分発で池山尾根を降りる。駒石、小地獄、マセナギ、池山小屋へ着き昼食。茨城から来ていた男性と話す。近くに池山が見える。鷹打場一二時二〇分、駐車場へは一三時に着いた。厳しい山だった。地獄、大地獄で「滑落注意」の表示があった。健脚六名の男性と若い女性に合わせて懸命に遅れないように歩いた。足は帰っても痛かった。

平成二四年

百名山最後の三山、白馬岳、白山、飯豊山の登頂を前にして体力をつけるために心がけた山。

金時山（一二一三m）四月八日

このために高尾山へ三月二六日、三〇日、四月五日、と登ったが、金時山は比べものにならないほどきつく思えた。金時山は足柄峠七三〇mを九時三〇分に登り始め公時《きんとき》神社入口へ下りた。登りは富士山を見ながらの登頂で気持ちが良かった。

金時山の階段は十二支の名前がついていた。鼠から始まり最後の猪で山頂になる面白い名前で忘れることはない。登り一時間三〇分、下り二時間三〇分ほどだった。高尾山へはその後六月四日、七月六日と登った。

陣場山から高尾山までの縦走　四月二四日

この日、八五歳で百名山は既に登り、今年は鳥海山へ上るという男性と一緒になり陣馬山まで一緒に登った。奥さんも一緒に登っていたがもう登れない。友人も随分亡くなったので今は続けないと登れなくなるので一人で登っているのだという。この人には「登れる、登れないは本人次第だ」と教えられた。私は今年限りの陣馬山と思っていたが考えさせられた。そしてこの日は高尾山まで一五キロを一人で縦走し、冬の間休んでいたので、長距離登山が可能な体になっているか確認をした。春にはいつもこの確認をしている。そうしないと団体行動に参加して迷惑をかけることにつながってはいけないからである。

茅ヶ岳（一七〇四m）～金ヶ岳（一七六四m）縦走　五月一九日

高速道路が渋滞で登山開始一二時四〇分となる。今日の百名山を選んだ深田久弥記念公園へ寄り、登り始める。

茅ヶ岳山頂まで二時間、金ヶ岳へ向けて一時間、明野村ふれあいの里着一七時三五分だった。上りながら若い人の体力が羨ましく思えた。私にも若い時があったと思った。途中深田久弥の倒れた場所はあったが止まっているゆとりはない。やっと登ったのにかなり下ってから、金ヶ岳までの縦走はきつかった。二時間以上遅れて登り始めたので下山はスピードが出ていた。遅れずなんとかついていけたが、きついのは歩きこんでないためでもあると思う。
そのための体ならしの登山が大事である。

九七、那《な》須《す》岳《だけ》（三本槍岳）（一九一七ｍ）栃木県・福島県　六月一八～日一九日

四〇歳の頃に子供と登り、大学の友達とも来ているが、その時「向かいに見える朝日岳へ登ってみたい。三斗小屋温泉にも泊まってみたい」と強く思った。それが七六歳で実現したのである。意外にもそれほど大変ではなかった。

春、茶臼岳・朝日岳・三本槍岳三山と三斗小屋温泉泊のツアーがあったので迷わず申し込んだ。①体力維持と、②集団行動ができるかの確認、③登りたい強い希望があった、ことからである。

一八日の茶臼岳の登頂は那須山麓駅から山頂駅まではケーブルカー利用だったので容易だった。茶臼岳を過ぎるとあれほど人がいたのにと思うほど、人影が少なくなっていた。峰の茶屋跡は風の通り道であると聞いていたが事実吹き抜ける風の強さを感じた。

この時小学生の長い列が来て、急に賑やかになった。高学年の生徒が遠足に来ているらしかった。山に近い学校の生徒はこのようにして自然・山に親しみ、同時に体力を培っているのだと思った。

さて、朝日岳（一八九六ｍ）までは軽く登れたが次の隠居倉までは歩きでがあった。途中源泉

の吹き出ている所で休憩をし、三斗小屋温泉・大黒屋までが長かった。

来てみたかった三斗小屋温泉は山の中の温泉だが、小屋の窓はピカピカに磨かれていたのが印象的だった。

一九日は六時五〇分発で一八日の隠居倉から熊見曽根、清水平を経て三本槍岳（一九一七ｍ）へ～黒羽藩、会津藩、白河藩の各藩が所領を確かめるため五月にそれぞれ槍を携えて登山し、頂上で三本の槍を立てたことが名の由来と記されてあり、当時を思った。

下山は中の大倉尾根を経て北温泉へ下るコースだった。途中、シロヤシオの林に達した時、ここは来たことがあると思った。愛子様のシロヤシオを尋ねケーブルで来て、真っ白い落花を踏むのがもったいないと思いながら大学の友達と来たことを懐かしく思いながら歩いた。一〇数年前のことで七～八名できたと思うが、現在は集まれる人が四名程になってしまっていることも寂しい等思いながら歩いた。

さて、体力と、集団行動がとれる確認ができたので、いよいよ残りの白馬岳・白山・飯豊山の三山を登ることになる。

白馬岳は雪渓を歩くのは避けたいと別の行き方で行くツアーを探したが適当なものがなかっ

た。

飯豊山は奥の深い山で食事もシュラフ（寝袋）も本山小屋で用意してくれて行ってきたとの話を聞いたので、そのコースで行きたいと思ったが、台風などでの中止も重なり、三年がたってしまった。もうどんな条件でも行かなければならない歳になってしまった。

私は食事を出してくれる切合小屋で八月初めの一番暑く、気候の安定しているツアーを選んだ。暑い時期なら薄いシュラフでも寒さに耐えられるからだ。貸してくれるという友人もいたが、長いコースに耐えるために一番軽いシュラフを選び備えた。

更に体力の維持を考えてこの三山を集中して登ることが大事だと考え七月中旬から八月上旬に計画し、ツアーを選び用意周到の準備をして備えた。

九八、白馬岳《しろうまだけ》（二九三二m）長野県・富山県

七月一四～一五日（同行していた人が滑落事故）

一四日～大町山岳博物館の見学をして白馬八方温泉へ一五時三〇分頃着。

宿は四人部屋（五〇代、六〇代、七二歳と私）。

一五日～六時三〇発タクシーで猿倉へ七時発・林道一時間歩行・標高三〇〇m白馬尻小屋でアイゼンをつけて大雪渓を九時発・標高差七〇〇m・二時間三〇分の登りだった。

初めての大雪渓。音がなく所どころ落石がそのままに雪の上にあり、落ちた石だとのことだ。落石が来たら怪我をすると思い怖いし、危険だと思い落ちないことを願いひたすら黙々と登った。雪渓は波の模様に黒い線になっていた。周囲は霧でガスの中だ。

やがて葱平二二五〇ｍへ着き、アイゼンを外し小高い雪のない所で昼食をとった。そして更に白馬岳頂上山荘を目指して雪渓に沿った細い道を歩いていると、後ろの人から「滑落した」との知らせが入った。同じグループの七〇歳の男性が突然いなくなった。雪渓を転がり落ちていったとのことだった。その人の後ろにいた人は「助けようがなかった」とのことだった。

ガイドが「行ってくる」と、添乗員、若いサブガイド一名が探しに下りていった。私たちは近くのお花畑避難小屋で待つことになった。小屋のおじさんは「駄目だろう」と言った。すると間もなく救助隊の人が二～三人バラバラと走り下りていった。救助隊の人たちがいるのだと言う。

七〇歳の人は一〇〇ｍ程転がった所で雪渓を歩いていた人に引っ掛かり、介抱されていたとのことで、ヘリで病院へ搬送されて検査の結果奇跡的に骨折もなく、頭と顔を切っただけで済み、処置後私たちの帰る一六日に電車で帰宅したそうだ。添乗員は世話になった所へ一六日のバスで下車し挨拶に行った。それで済み良かった。初めての怖い経験だった。

細い道なので山側へ寄って歩くように注意があったら良かったのにと思ったが、済んだことだった。

葱平を登り、小雪渓を越えて山荘が見えたときはホッとした。足場のかなり悪い道だった。

山荘は一五〇〇人も泊まれる八〇〇人用の宿舎だった。山荘の周囲はキンポウゲ、シラネアオイ、シナノキンバイ、キヌガサソウなどのお花畑になっていた。
小屋で驚いたのは、夕方写真を撮っているとこれが白馬槍、並ぶのは杓子岳だと教えられ、かつて白馬のペンションのおじさんに下から指差し教えていただいた山が手の届く所に見えていることに感動した。白馬も先端が山荘の裏に見えている。少しサンダルで登った。

日本海の方は富山市街の明かりが灯り、日本海の先には能登半島も霞んでいる、ドラマティックな光景だった。

一六日~朝食と昼食はパン食の二食を受け取り、出発した。数百人が宿泊しており夕食も三〇分並んで食べる始末で、朝食を済ませて決まった時刻に集合は不可能だったから、二食弁当を持ち、宿を早く出たのは良かった。

白馬岳へは四〇分くらいで登頂し、三國境へ下り小蓮華山へ少し登り、登り下りを繰り返し白馬大池と山荘の赤い屋根が見えてきた。この稜線は近づく白馬大池と足元にはお花もあり気持ちが良かった。

白馬大池で昼食をとっていると、添乗員が紅茶を振舞ってくれた。殊の他美味しい。

一二時三〇分発で白馬大池を後にした。池の周囲には大きな石が囲ってあり、この大石を越えるのが大変だった。やっと越えたと思うと今度は乗鞍岳山頂までずっと続く石のかなり急な道を登っていくので、かなり早い速度のペースに必死でついていった。天狗原へ着くと木道で湿原を歩いていけた。下りはロープウエイで栂池高原へ下りた。途中もうないと言われていた雪渓は次々に現れた。何にでも対応できる体力をつけておく大切さを感じた。

九九、白山《はくさん》（二七〇二ｍ）石川県・岐阜県　七月二二日～二三日
（忘れられないご来光とヘッドランプ紛失）

羽田↓小松空港（八時四五分着）↓別当出会（一一時三〇分までに昼食を済ませ出発）から歩く。バスで別当出会へ行き登頂の用意をしていると、九州から来たという五～六人の女性のグループの人が丁度下りてきているのに会った。七〇代前半～六〇代の人たちだったと思うが私の歳を聞いてびっくりしていた。

砂防新道↓甚之助小屋↓黒ボコ岩↓白山室堂（二四五〇ｍ）泊。

途中の弥陀ヶ原を過ぎてから雲行きが怪しくなり、雨具をつける。室堂へ着くと雨が上がり、夕焼けがきれいで、明日の快晴を予告しているようだった。私は雨に濡れた黒百合を写真におさめた。下向きなので撮りづらかったが十分満足した。

翌日はご来光を見に行くことになった。四時に白山奥宮の太鼓が鳴るので集合することになり起床は三時になる。

防寒着を着て、当日は真っ暗な中をひたすら登る。山頂の大汝神社では、指定された人が供え物を上げてお参りをしている。一方ご来光の見える岩の上では神主が白山神社のいわれ等を、述べていて正に山のお祭りである。ご来光を見る人で岩の上は埋まっている。ご来光に万歳三唱である。

お天気に恵まれて良かった。お池巡りをしてから朝食をとり、ヘッドランプをご来光の途中で落としたことに気付いたが自己責任で仕方なかった。エコーラインから砂防新道へ出て、ハクサンコザクラ、ハクサンイチゲ、クロユリ等を楽しんだ。帰りの甚之助小屋で休憩をしていると、石川県のテレビ局の人が私が年齢が高かったせいかインタビューにマイクを向けられ「何時からの登山？　等々」聞かれた。何日に放映されるか聞くと、石川県だけの放映だとのことだった。中飯場で昼食をとり一一時二八分発で駐車場一二時二四分着。入浴後、空港発一八時で帰路へ。

一〇〇、飯豊山《いいでさん》（二一二八ｍ）　福島県　八月三日～六日・登頂は五日

懸案の飯豊山である。食料とシュラフ持参の山だと聞いていた。でも或る人は食料とシュラフが出たという人もいた。できれば持たない方が良いので種々の情報を得て、期日・持ち物等、考えており、最後の山になったと言える。

初め、平成二二年九月に申し込んだ。九月末で寒いと言われシュラフ・食料持参なのでやめた。翌二三年は夜行出発を躊躇してる間にキャンセル待ちになり、他のツアーは台風と地震災害で中止。シュラフを貸してくれるという友人もいたが、二四年はシュラフ持参を覚悟し、一番軽くザックに入るのに決めた。これは前年神保町で確認しておいた。そして薄くても寒さに耐えられる、登頂を真夏の一番暑い時に設定し、夜行でない旅を探し、体力に合った列車利用を申し込ん

だ。この山は行くまでに三年も、検討を重ね情報を得て準備をした。年齢的にはこの年を外すと、体力の維持が難しくなると思っていた。

三日、山形新幹線上野発、つばさ一三七号へ乗った。列車の中で初めて同行の人の紹介があり、分かったのだが一緒に登る人は四名の女性。

Sさん六五歳～九五座、Yさん六五歳～九八座、Mさん六七歳～九五座、私七六歳～九九座になるという結構揃っているメンバーだった。それにツアリーダー昭和一九年生まれの男性のこじんまりしたグループといえよう。小人数でレベルも揃っていて、私には幸いだった。

米沢駅一四時五〇分着で白川荘の車に乗り一時間ほどで宿へ着く。明日は暑いので早く出発したほうが良いという宿のご主人のアドバイスで一時間早い出発になり、四日は六時発から五時発で、宿の車で送ってもらい、一二〇分で大日杉へ到着。トイレ、体操を済ませ登山開始五時三〇分。ざんげ坂を経て長之助清水を汲む。冷たく美味しい！　五〇〇CCのボトルはすぐ半分になってしまう。ひたすら上りだ。御田、滝切台、だまし地蔵、風の来るところで写真を。地蔵岳、語らいの丘、目洗清水、ここで二人は汲みに行かずに待ったが、私は行った。ボトルに水滴がつき白くなる。雪渓を残した飯豊山が見えた。昼食をとる。一一時一五分。

二個のおむすびと五個の粽、鶯黄粉と蕗味噌を付けて食べる。これが旨い。行動食のアンパン、これが宿までの私の食料だ。でもお腹がすいているのでパン以外は全部食べてしまう。普段では考えられない。

御坪のダケカンバの木肌が白く庭石に良い石もある。「家の庭にあると良いね」と言いながら写真を撮る。ダケカンバは風雪に耐え真っ直ぐには伸びられず形良い枝振りだ。

このあたりからアップダウンを繰り返しての登りで、切合小屋（一七四〇ｍ）まで大部楽になる。御坪あたりから小屋の屋根が見える、と教えられる。種蒔山との別れの少し手前で沢があったが飲むにはちょっと躊躇する。草原にはハクサンコザクラがびっしり咲いている。ここからひと登りで一三時三〇分に切合小屋へ着く。

宿は今までで一番混んでいるそうだ。部屋は狭い板の間三畳ぐらいへ四人でとなる。夕食は定番のカレーだ。福神漬けがのっている。ガイドの入れてくれたコーヒーをご馳走になり一息付く。水はいつでも出ている。豊富でありがたい。

夕焼けはきれいだった。明日の晴れを保証してくれている。飯豊山は大きな山塊である。小屋からは朝日連峰、蔵王、吾妻連峰、安達太良山、磐梯山が見え、夕日に染まる山々を心に刻んだ。四日の夕方、小屋の高い丘でテントを張って食事をしている人とも話した。「御西小屋まで行けるから行くといいよ」と勧めてくれたが日程にないことはしないのがツアーの鉄則である。当然である。ここまで来たらせっかくだからこの山の自然を味わっていくと良いと言ってくれていた。毎年テント泊で来ているとのことだった。

五日（日）百座目登頂の日・快晴・六時発。

五時、朝食。ご飯、味噌汁、生卵、海苔一袋、沢庵一切れ、しば漬け～食べられるだけで幸せ。

草履塚（一九〇八ｍ）をへて南峰から北峰へそして急下降して姥権現に付く。石垣に囲まれた姥地蔵がある。「地蔵になったのね」と話しながら過ぎてまた登る。厳しい岩稜の登りとなり、御秘所という岩稜の鎖場を越え御前坂の急登となる。九十九折に高度を稼いでいくと飯豊神社と飯豊本山小屋のあるピークに着く。本山小屋と聞いていたがここなのかと思った。食事は出ないと言う。神社にお参りして、風の通り道へザックをおくと涼しいのを通り越して寒くなってくるほどだ。飯豊西方へ小屋から草原の尾根を登る。この道にはイイデリンドウがあるとのことで、注意して歩く。「あった」「これがそうかな?」「花弁が尖っているよ、尖っているはずだったよ」など言いながら草の間に咲くリンドウをカメラに収める。そして西へ登り一等三角点に触れる。

飯豊山(二一〇五m)へ九時二二分に登頂する。

山頂では完登を書いて用意していったので、その紙を持って写真を撮る。四人も祝ってくださった。

山頂で奈良から来たグループが私が七六歳というと「元気をもらう」と言って一緒に写真を撮ったり握手をしたり、抱きついたりしてくれた。なんか少しでも役立てるならと思えた。

切合小屋からも結構大変な山だと思う。山頂でゆっくりし、一〇時三五分に出発し途中ゆっくり休みながら下り、小屋へ一四時には到着した。

小屋では六人の客が帰ったからといって明るい部屋へ移してくれた。二八名のツアーで来てお り賑やかな部屋だった。

5人で見付けたイイデリンドウ

一四時には誰も来ていないので体を拭きさっぱりする。ビールは三五〇CCが八〇〇円だったが五人分私が買って乾杯する。完登の話を宿のオーナーにすると同い年だと言って写真に一緒に入ってくださり「写真を送ってくれよ」と言って五名に名刺を渡した。

みんなに祝ってもらい幸せだった。良い日になった。

五日の夕方になると六日は雨かもしれないとの話があった。四日の夕焼けはきれいだったが五日は違うなどの話があり、早く下りるに限るということになった。

六日の朝食は五時からだが、一番早く食事をすることにお願いし四時三〇分に一階で食事をし、四時五〇分発で小屋を出た。

目洗い清水では元気なSさんとガイドのみ、長之助清水はみんなでお土産に汲みに行く。懺悔坂の鎖は長い。用心して一人ずつ下りる。宿へ一一時一五分着。六時間二五分かかりみんな無事に帰れた。百名山登頂の夢の果たせた時だった。

百名山の登頂が終わる頃、私は思った。全部登り終わってやっとベースができたのだと。本当はこれから山を味わって登ってこそ登ったことになるのだと。しかし、私には年齢の壁がある。どんな趣味にも奥があるように私の登山も本当はやっとスタートラインに立った処だと思うのである。

飯豊山を背に
切合小屋への途中

長之助清水への表示

平成24年8月5日
9時22分
百名山登頂の時

あとがき

平成九年三月に定年退職をした時に、私は「これから山へ登ろう」とは全く思っていなかった。ただ生活の中に体に意識した時をもつことが大事だと思っていた。小菅村の村起こし事業の「村の民宿に一泊して大菩薩嶺へ案内する」に申し込んだのもそのような考えを持っていたからだと思う。

そして時間のある時に、一〇〇〇m以下の低い山へ申し込んで登っていただけだった。ただ、初めは苦しかった登山も回を重ねる毎に気にならなくなったことは確かである。それを回数多く登ったのが良かったと言えよう。

何事もそうであるように「山も習うより慣れろ」が当てはまると思う。

考えてみると山は、安全に一歩を踏み出し、踏みしめる。この繰り返しで、高いから、険しいからと、遠くから見ていて想像することはない。

安全な場へ一歩を置くその見極めが大事で、直感で次はあの石に置こうと「浮き石」か「踏んで大丈夫な石」か見極めることが大事である。それができたら後はどんなに高い山でも安全な場へ一歩を踏み出す繰り返しである。

でも、ジムで鍛えているから、若いからと突然鳳凰三山へ参加した三〇代の女性がいたが、下山時に足がつってひどい目にあっていたので、ジムと山は違うことを心しておかないといけないと思う。そして突然百名山に挑戦するのではなく、低山を歩き込んで山に慣れておくことが大切である。又、荷物についていえば自分が背負える必要最小限の荷に纏めることが大事である。電気カミソリ等、日常使っているものでも重ければ持たず、他の物に替えコンパクトに纏める。あれもこれも持つのではなく、あれもこれも置いていく。しかし防寒着・水・ヘッドランプ・雨具・薬等の必要な携行品は必ず持つ心構えが大事である。

山へ行ったら頼れるのは自分である。誰も頼ることはできない。自己責任である。頼らないで済むように準備していくことが鉄則である。

山へ行くようになって感じたことは、女性が多かったがみんなしっかりしている女性である。どのようにしっかりしているかというと、費用をご主人に出してもらうのではなく、自分で働いたお金で登山していることである。要するに経済的に自立しており、それだけ責任の取り方、考え方、行動もしっかりしている方が殆どであった。これらが最小限揃った基盤の上での団体行動の登山であるから私は七六歳の最後の年には団体行動に付いていく能力のある自分か、泊を伴う確認登山をして自己の能力の確認をした。心構えとしては、団体行動の足手纏いになると感じたらいつでも止める覚悟のうえで参加していたが最後まで登れたのだった。

平成二四年八月に登頂を終え、ほっとしている間に時が過ぎ、これからどう過ごそうかと思っている時、仕事をしていた時の先輩から「折角登ったのだから記録を是非纏めなさい」と背中を押していただいた。このような先輩の後押しがあったから始められたと感謝している。

纏めるには労力がいるので躊躇しており、登山の合間に記録していたノートを手掛かりに纏めてみようかと思ったのが二四年の暮だった。

纏め始め表記等に疑問を感じ、何度かガイドをしてもらった日本山岳ガイド協会認定のガイドさんに見ていただくことができた。夏山の忙しい時でしたが快く素早く、適切なアドバイスをもらえたことは大変ありがたく心から感謝している。

最後になりましたが原文を丁寧に纏めていただきました現職時と関わりのある社会福祉法人ときわ会・あさやけ風の作業所の関係の皆様、本書の出版に当たって文の表記・写真等懇切なるご教示を賜りました郁朋社の佐藤聡氏に心よりお礼申し上げます。

二〇一六年一〇月

追記：読売新聞　広告特集　日本百名山（二〇一六・八・一一・木）により山の高さ・所在地等百山について確認しました。

参考図書

「日本百名山を登る」上巻・下巻　旺文社
「日本百名山山あるきガイド」上下　ＪＴＢパブリッシング

【著者略歴】

1936年　茨城県鹿島郡軽野村（現神栖市）1936年（昭和11年）生まれ

最終学歴

1957年（昭和32年）茨城大学教育学部修了
1961年（昭和36年）日本女子大学通信教育学部家政学部卒

1997年（平成9年3月）東京都立養護学校定年退職
　　　　小さな観察会（探鳥会）入会
　　　　「からまつ」俳句会入会
2007年（平成19年4月）社会福祉士・登録
2010年「からまつ」俳句会退会後、「鷹」へ入会、会員

山との関わり

2001年　（平成13年）新聞で山梨県小菅村の村起こし事業の一つとして大菩薩嶺への登山ガイドがあり、参加したのが始まり。この間社会福祉士資格取得のため、登山は低山を時折登頂のみ。
2007年　社会福祉士資格試験合格後、9月大雪山から黒岳への縦走でまだ百名山に登れると自覚、百名山登頂開始（71歳）。2012年登頂達成。

71歳《さい》からの百名山《ひやくめいざん》

2016年10月21日　第1刷発行

編　者 — 髙橋《たかはし》　尚子《ひさこ》

発行者 — 佐藤　聡

発行所 — 株式会社　郁朋社《いくほうしや》

〒101-0061　東京都千代田区三崎町2-20-4
電　話　03（3234）8923（代表）
ＦＡＸ　03（3234）3948
振　替　00160-5-100328

印刷・製本 — 株式会社東京文久堂

郁朋社ホームページアドレス　http://www.ikuhousha.com
この本に関するご意見・ご感想をメールでお寄せいただく際は、
comment@ikuhousha.com　までお願い致します。

 ISBN978-4-87302-628-2 C0095